CAPTIVITÉ

ET

MORT DE LOUIS XVI

In-8°. 4e série.

LOUIS XVI

CAPTIVITÉ

ET

MORT DE LOUIS XVI

SUIVIES DE SON TESTAMENT ET DES DERNIERS MOMENTS
DE QUELQUES RÉVOLUTIONNAIRES

PAR F. LAFUITE

CINQUIÈME ÉDITION

In memoriâ æternâ erit justus.
La mémoire du juste sera éternelle.   PS. CXI

————⟨⟨⟨⟩⟩⟩————

LIBRAIRIE DE J. LEFORT

IMPRIMEUR, ÉDITEUR

LILLE	PARIS
rue Charles de Muyssart, 24	rue des Saints-Pères, 30

Propriété et droit de traduction réservés.

INTRODUCTION

Le meilleur des rois, précipité du trône, incarcéré avec sa famille pendant six mois, et tenu sous les grilles et les verrous jusqu'à sa mort dans le donjon d'une tour, exposé pendant tout ce temps aux insultes, aux dérisions et aux mauvais traitements des êtres les plus vils, les plus grossiers et les plus féroces; privé de tout secours et de toute consolation humaine dans ses longues souffrances; horriblement calomnié et accusé non-seulement de crimes dont il était innocent, mais encore des crimes commis par ceux qui avaient la perfidie de les lui imputer; jugé contre toutes les formes, au mépris de toutes les lois ; condamné par ses accusateurs mêmes, qui eurent l'effronterie de se dire ses juges; livré enfin au supplice et mis à mort au nom d'un peuple qu'il n'avait que trop aimé et pour lequel il s'était sacrifié : telle est la catastrophe, jusqu'à nos jours inouïe dans la mémoire des hommes, dont nous offrons le récit à nos lecteurs.

Ceux qui n'ont pas vu ces temps déplorables de troubles et d'horreurs, doivent être curieux de connaître les commencements d'un règne dont la fin a été si malheureuse.

Plusieurs sans doute se demandent quel était donc ce Louis XVI, à qui ses sujets firent subir une si affreuse destinée? De tous côtés, ils entendent dire que c'était un prince bon, humain, bienfaisant, plein de vertus. Les ennemis de la monarchie, les ennemis même de sa maison sont forcés de rendre cet hommage à sa mémoire, que nul ne mérita plus que lui l'amour de son peuple. D'où vient donc que les témoins de ses vertus l'ont traité avec tant d'injustice et de barbarie? d'où vient que des hommes couverts de ses bienfaits ont poussé l'ingratitude jusqu'à vomir contre lui des imprécations et des cris de mort, jusqu'à porter enfin sur sa personne sacrée des mains parricides?....

Nous ne nous imposerons pas le devoir de répondre à cette question; il serait trop difficile et trop pénible à remplir. Nous nous bornerons à faire connaître, par la notice suivante, que Louis XVI n'a jamais cessé de mériter l'affection et la reconnaissance de ses sujets et le nom de père du peuple.

Louis XVI naquit à Versailles, le 23 août 1754; il était le second fils de Louis, dauphin de France, et de Marie-Joseph de Saxe. Il reçut en naissant le nom de duc de Berri. Il annonça dès sa plus tendre enfance un cœur sensible et bon. Son âme franche et sans déguisement s'ouvrit de bonne heure à tous les sentiments vertueux, et son esprit droit et sérieux à toutes les connaissances utiles. Une éducation chrétienne, dirigée par un père aussi tendre qu'éclairé, développa et fortifia les heureuses qualités du jeune prince. Mais le malheur s'attachait déjà à ses destinées. Il n'avait que onze ans lorsqu'il perdit son père, qui emporta les regrets de toute la nation. Sa mère voulait continuer son éducation sur le même plan ; elle ne put survivre à son époux, et sa mort acheva de mettre le comble à la douleur du jeune prince. Cette douleur fut extrême : il refusa long-temps de sortir ; et lorsqu'en traversant les appartements, il entendit dire pour la première fois : *Place à monsieur le Dauphin*, des pleurs inondèrent son visage, et il s'évanouit.

En 1770, il épousa Marie-Antoinette d'Autriche, fille de l'impératrice Marie-Thérèse.

Des fêtes furent célébrées à Versailles et à Paris à l'occasion de ce mariage. Un malheur causé par l'imprévoyance de la police fit de la dernière de ces fêtes une scène de désolation. Un grand désordre occasionné par un encombrement de voitures et augmenté par des bandes de filous répandus dans la multitude, coûta la vie à un grand nombre de personnes. Le Dauphin, instruit de ce désastre, en fut inconsolable. Il demanda aussitôt le mois de sa pension et l'envoya aux magistrats de la ville avec une lettre touchante, pour les prier de distribuer cette somme aux familles les plus pauvres qui avaient perdu leur appui.

Lorsqu'à la mort de Louis XV, en 1774, on annonça au Dauphin qu'il était roi de France, il ressentit une émotion profonde et s'écria : « Oh ! Ciel ! quel malheur pour moi ! O mon Dieu ! aidez mon insuffisance. » Le premier soin du jeune monarque, qui n'avait alors que vingt ans, fut de s'entourer d'hommes que l'opinion publique lui désigna comme les plus propres à guider son inexpérience ; il composa le ministère de personnes dont il connaissait la capacité et surtout la probité.

Le premier édit que publia le jeune roi fut un bienfait : il dispensa les peuples du paiement du droit connu sous le nom de *joyeux avénement*. Le second fut un acte de justice ; il rassura les nombreux créanciers de l'Etat, et promit d'acquitter intégralement la dette publique. Il renonça cependant à toute augmentation d'impôts. Il arrêta les progrès de l'usure, en présentant de nouvelles ressources aux indigents ; il facilita les opérations du commerce. Il fit de sages réformes dans les places et les pensions, diminuant ou supprimant les faveurs peu méritées. Son économie personnelle servit d'exemple, réprima les plaintes et fit taire les murmures. Le régime des corvées, si désastreux pour l'agriculture, fut supprimé et converti en impôt pécuniaire ; un reste de servitude fut aussi aboli dans la Franche-Comté et le Jura. Le Code criminel fut adouci ; la torture disparut de notre législation criminelle, et cessa de rappeler les temps barbares de son institution. Enfin, tous les cœurs s'ouvrirent à l'espoir d'un règne heureux ; c'était en effet celui d'un nouveau Titus.

Le nouveau ministère, cédant à l'opinion publique, fit la faute de rappeler les anciens parlements. On prit, il est vrai, quelques précautions contre leurs prétentions ambitieuses ; mais cette barrière fut insuffisante. Ces grands corps de magistrature n'attendirent pas la révolution de 1789 pour porter une forte atteinte à l'autorité royale.

Louis XVI fut sacré à Reims, le 11 juin 1775. Les cérémonies furent brillantes et durèrent jusqu'au 15 Un grand concours de curieux animait ces fêtes où se déployait le luxe élégant d'une jeune cour.

Les deux premières années qui suivirent le sacre offrirent peu d'événements remarquables, si ce n'est l'entrée au ministère de M. Necker, banquier génevois, qui succéda à M. Taboureau, en qualité de directeur-général des finances. Mais la guerre d'Amérique vint bientôt occuper les esprits. Cette guerre, entreprise pour soutenir les Anglo-américains contre l'Angleterre, fut glorieuse à la marine française ; mais elle était aussi impolitique qu'injuste ; le bon sens du monarque y répugnait. On fit parler l'opinion publique, surtout celle de la capitale, avide de nouveautés et d'émotions, et la guerre fut décidée. La France reconnut l'indépendance des Etats-Unis, et fit avec eux un traité d'alliance et de commerce. Le cabinet britannique sut bien s'en venger, en fomentant, quelques années plus tard, nos troubles intérieurs. En dernier résultat, cette guerre, imprudemment allumée, ne fit qu'augmenter le désordre de nos finances.

Le surintendant Calonne, dont les amis mêmes n'ont pu nier la prodigalité, n'était pas très-propre à guérir cette plaie de l'Etat ; il ne fit que l'accroître en faisant comme Necker et ses successeurs, c'est-à-dire en recourant à la méthode ruineuse des emprunts. Il fit convoquer une assemblée de notables ; cette assemblée délibéra sans pouvoir conclure. On y proposa des projets salutaires et des opinions dangereuses; et le résultat fut une dispute sur les finances entre Calonne et Necker, inintelligible pour le public et peut-être pour eux-mêmes.

Calonne fut remplacé par M. Loménie de Brienne, alors archevêque de Toulouse et depuis archevêque de Sens et cardinal. Sa réputation de grande capacité le fit nommer principal ministre. On ne tarda pas à s'apercevoir combien cette réputation était usurpée. Cet imprudent ministre voulut, comme le chancelier Maupeou, changer la constitution; mais ayant succombé dans cette entreprise, et sentant que le fardeau de l'administration était trop pesant pour ses mains débiles, il fut réduit à demander lui-même sa retraite. En donnant sa démission, il conseilla de rappeler Necker, comme le seul homme capable de surmonter la crise où il laissait les affaires.

Le roi, cédant à la nécessité, ou plutôt obéissant au cri de l'opinion publique, rappela un ministre dans lequel il n'avait aucune confiance, non plus que la reine. « On m'a fait rappeler Necker, dit-il en cette circonstance, je ne le voulais pas, on ne sera pas longtemps à s'en repentir. »

Necker fit convoquer les états-généraux : dévoré d'ambition, il se flattait de dominer cette assemblée, et de se faire assurer par elle le ministère pour toute sa vie. Le roi n'avait en vue que le bonheur de son peuple, qu'il aimait, on peut dire, avec passion. Il fut étrangement trompé sur les moyens. Necker fit donner au tiers la double représentation, c'est-à-dire qu'il imagina de donner, dans les états-généraux, autant de députés au tiers-état qu'en auraient l'ordre du clergé et celui de la noblesse réunis. L'avis presqu'unanime des notables, qu'on avait une seconde fois convoqués pour cet objet, s'opposait entièrement à cette double représentation. Necker ferma là-dessus les yeux du roi, et parvint à le tromper au point de faire triompher son projet, dont le résultat devait être le renversement du trône et de la monarchie.

L'ouverture des états-généraux se fit à Versailles le 5 mai 1789. Le roi y parut sur son trône et dans tout l'éclat dont il était encore environné. Il prononça avec émotion un discours plein de sagesse qui fut généralement applaudi. Le garde des sceaux, Barentin, prit ensuite la parole ; le ministre des finances, Necker, lui succéda, et dans un long discours il établit que le déficit dans les finances était de cinquante-six millions. Les sacrifices que les deux premiers ordres paraissaient disposés à faire eussent facilement comblé ce déficit ; mais un bouleversement général dans le gouvernement était le but secret d'une faction dont les vues criminelles se couvraient du prétexte du bien public. De ce moment commença une série de malheurs sans nombre comme sans exemple, qui devait n'épargner ni les palais ni les chaumières, et s'étendre jusqu'aux extrémités du monde.

Les prétentions respectives des trois ordres semèrent entre eux la division. De longs débats sur des questions qui restèrent indécises ne firent qu'augmenter la discorde. En vain le clergé et la noblesse firent le sacrifice de leurs priviléges pécuniaires et l'offre de concourir aux charges publiques; le tiers-état les somma audacieusement de se réunir à lui. Ils refusèrent; alors le tiers-état se déclara constitué en assemblée nationale, s'arrogeant ainsi le droit de représenter à lui seul toute la nation.

Le roi, prévoyant les conséquences de cette audace, fait annoncer une séance royale; la salle est fermée pour les préparatifs de cette cérémonie. Les députés, ne pouvant y entrer, se réunissent dans un jeu de paume, et y jurent de ne point se séparer avant que la constitution du royaume et la régénération publique ne fussent établies. C'était jurer la révolte. Un seul député d'Auch s'en abstint.

La séance royale eut lieu le 23 juin. Le roi y ordonna aux trois ordres de se séparer : le clergé et la noblesse obéirent; les députés du tiers ne voulurent point désemparer, et lorsque le grand-maître des cérémonies vint leur signifier, de la part du roi, de se retirer, Mirabeau répondit avec insolence qu'ils ne sortiraient de l'enceinte où ils étaient que par la force des baïonnettes.

La mésintelligence entre les trois ordres s'envenimait tous les jours et faisait naître dans l'esprit du roi les plus vives inquiétudes. Ce prince, trompé d'ailleurs par de faux rapports, jugea enfin devoir ordonner formellement au clergé et à la noblesse de se réunir en assemblée générale au tiers-état. Le 27 juin, les trois ordres se réunirent, ou plutôt ils furent confondus.

Ce triomphe du tiers mit en effervescence toutes les passions. Bientôt toute la population de Paris pille l'arsenal, s'empare des armes qui s'y trouvent, et, le 14 juillet, assiége et détruit la Bastille. Le gouverneur de cette prison d'Etat est massacré ; le prévôt des marchands est tué d'un coup de pistolet sur les marches de l'hôtel de ville ; M. Bailly est nommé maire de Paris par les factieux, et M. de la Fayette reçoit le titre de commandant de la nouvelle milice parisienne.

Cependant le roi, égaré par de perfides conseils, consent au renvoi des troupes qu'il avait fait approcher de Versailles pour sa sûreté personnelle, et pour soutenir le service des gardes françaises, dont la fidélité avait été avec raison soupçonnée. Il alla lui-même à l'assemblée lui faire connaître les ordres qu'il avait donnés pour ce renvoi, ainsi que pour le rappel de Necker, qu'il avait cru devoir éloigner de ses conseils, et que les factieux redemandaient à grands cris.

Le lendemain, il se rendit à Paris, suivant la promesse qu'il en avait faite. Il y reçut des mains du nouveau maire la cocarde tricolore, se montra au peuple décoré de ce signe, répéta qu'il avait envoyé des ordres pour le retour de M. Necker, et entendit, presque pour la dernière fois, le cri de *vive le roi* retentir à ses oreilles.

Des troubles de tous genres ne cessèrent d'agiter la capitale et les provinces. Les factieux, que rien ne pouvait apaiser ni détourner de leurs projets, répandirent les plus absurdes calomnies sur un repas donné par les officiers des gardes-du-corps à ceux du régiment de Flandre; ils prétendirent que dans ce repas la cocarde tricolore avait été foulée aux pieds par les convives, ce qui était absolument faux. Non contents de ces calomnies, par lesquelles on voulait particulièrement compromettre la reine, qui avait un moment assisté à ce banquet, les factieux opérèrent une disette factice dans la capitale, et sonnèrent l'alarme sur les subsistances. Des femmes, des enfants remplissent les places publiques, en criant *du pain! du pain!* Bientôt un attroupement immense part de Paris pour se rendre à Versailles et se plaindre au roi de la disette des subsistances, comme si ce monarque eût recélé dans son palais les vivres que le peuple ne pouvait trouver chez les boulangers. Dans la nuit du 5 au 6 octobre, les appartements du roi furent envahis, et la reine fut près d'être égorgée dans son lit. Les conducteurs de la populace exigèrent que le roi vînt à Paris. Le roi, abandonné par l'assemblée, dont il avait demandé l'avis, se résigne à la volonté des séditieux. Des hordes de bandits marchaient devant sa voiture, portant en triomphe les têtes de deux gardes-du-corps qu'ils avaient assassinés. Les femmes criaient, en montrant la voiture où étaient Louis et toute sa famille : « Nous ne manquerons plus de pain ; voilà le boulanger, la boulangère et le petit mitron. » C'est ainsi qu'elles désignaient leurs souverains et l'enfant auguste né pour l'être.

L'assemblée avait voulu, pour éprouver moins de retard dans ses plans de destruction, se mettre sous la protection de la capitale, sans se séparer du monarque. Les forfaits de cette nuit fatale, qui, pour lui et son auguste épouse, eût été la dernière, *si le coup n'eût pas été manqué*, arrachèrent donc Louis XVI du château de Versailles, et sa longue détention commença aux Tuileries, pour ne finir que dans la tour du Temple.

Le 18 avril 1791, Louis XVI fit l'essai de ce qui lui restait de liberté personnelle; il monta en voiture avec sa famille, sortit des Tuileries et se dirigea vers Saint-Cloud, où il avait dessein de passer quelques jours de la quinzaine de Pâques. Une insurrection nouvelle le retint; la multitude s'opposa avec violence à son départ, et le força de rentrer au château. Le roi alla le lendemain se plaindre, mais inutilement, à l'assemblée nationale de cette étrange vexation. Cette assemblée, loin d'avoir égard à la juste plainte du monarque, l'abreuva de nouveaux outrages, et pour comble d'indignités, le contraignit d'attester aux puissances étrangères, par une déclaration solennelle, qu'il était libre. Cette déclaration est une des plus malheureuses démarches où Louis XVI se soit cru invinciblement entraîné par la force des circonstances. L'assemblée affecta d'en pousser des cris de joie; tout ce qu'il y avait d'honnêtes gens dans le royaume en fut consterné.

La mesure de la patience de ce malheureux prince était comblée; il médita de fuir et de s'enfermer à Montmédy avec quelques troupes fidèles. Il comptait sur le dévouement, le courage et la prudence de M. de Bouillé. Il laissa, avant son départ, une déclaration à l'assemblée, contenant des plaintes trop fondées et les motifs de son éloignement. Dans la nuit du 20 au 21 juin, la famille royale parvient à s'échapper des Tuileries; les commencements de la fuite

sont semés d'obstaclés , le courage et la présence d'esprit
les surmontent.

A Sainte-Menehould, le maître de poste, nommé Drouet,
reconnaît le roi , le devance d'une heure à Varennes , et de
concert avec un officier municipal , le fait arrêter dans cette
commune. Le lendemain , deux aides-de-camp de M. de
Lafayette arrivent à Varennes , porteurs d'un décret de
l'assemblée rebelle , qui ordonnait que, nonobstant toute
résistance , le roi fût ramené à Paris. Louis , indigné , leur
dit : « Je savais qu'il y avait des traîtres et des misérables
dans mon royaume ; je ne me serais jamais imaginé qu'il
en existât d'assez criminels pour arrêter leur roi. » La reine
ne montra pas moins d'énergie. Elle comptait sur l'arrivée
des troupes commandées par M. de Bouillé. Ce général ,
averti trop tard, n'arriva qu'une heure et demie après qu'on
eût fait repartir les illustres prisonniers ; leur délivrance
devint impossible. Ils furent reconduits à Paris, au milieu
de tous les outrages et de toutes les violences. Les dangers
se multiplièrent à leur entrée dans la capitale ; peu s'en
fallut qu'ils ne devinssent la proie d'une populace en
délire.

Le roi fut accueilli dans l'assemblée par un morne silence.
Cependant la plupart des députés s'épouvantaient des cla-
meurs des factieux ; et cet événement, qui semblait devoir
être le terme de son existence , intimida ses persécuteurs,
et lui en gagna quelques-uns, entre autres Barnave, qui,
nommé pour accompagner le roi au retour de Varennes ,
n'avait pu voir de près ce monarque et sa famille sans

prendre des sentiments tout opposés à ceux du parti qu'il avait servi jusqu'alors.

Les clubs des jacobins et des cordeliers, et plusieurs comités voulurent faire destituer le roi et le faire mettre en jugement. Une assemblée de factieux, qui s'était réunie pour cet objet au Champ-de-Mars, fut dissipée par la garde nationale.

Les députés, effrayés de leurs succès et impatients de dissoudre leur assemblée, firent alors la révision de ce qu'ils appelaient la constitution, et firent convoquer les assemblées électorales pour nommer leurs successeurs. Ils présentèrent cette prétendue constitution à l'acceptation du roi, qui ne pouvait la refuser. Il fit, le 30 septembre 1791, la clôture de cette assemblée, qui avait pris fastueusement le nom de constituante, et qui ne laissa que des ruines.

L'assemblée législative, qui lui succéda, ne trouva plus rien à détruire de nos antiques institutions. La royauté n'était plus qu'un fantôme ; les nouveaux législateurs s'acharnèrent néanmoins à le combattre pour le faire disparaître tout à fait.

Ce serait fatiguer péniblement le lecteur que de l'arrêter longtemps sur les actes de l'assemblée législative. Deux ou trois époques de crimes remplissent son histoire. Elle commença ses séances dans les premiers jours d'octobre ; ses premiers essais furent un décret contre les émigrés, et un autre décret contre les prêtres qui n'avaient pas prêté serment de fidélité à ce qu'on appelait la *constitution civile du clergé*. Le roi y refusa sa sanction, ainsi qu'à un autre décret du 1er janvier 1792, qui mettait en accusation les frères du roi et le prince de Condé, comme prévenus de conspiration contre l'Etat.

L'un des ministres du roi, M. de Lessart, succomba sous la haine violente des factieux ; il fut aussi décrété d'accusation comme prévenu de trahison, arrêté sans être entendu, et traduit à la haute-cour d'Orléans.

Les républicains jugèrent la guerre étrangère utile ou nécessaire à leurs desseins contre le trône. Le roi, qui n'était plus qu'un instrument passif entre les mains de ses tyrans, se vit contraint de venir la proposer au corps législatif contre l'Autriche; la douleur était peinte sur son visage.

Pour parvenir à assassiner Louis XVI avec moins de difficulté, le corps législatif prit le parti de dissoudre la faible garde de dix-huit cents hommes, à laquelle l'assemblée constituante avait eu l'insolence de la réduire. Le duc de Brissac, qui commandait cette garde, fut décrété d'accusation et envoyé à la haute-cour d'Orléans.

La perte de Louis XVI était comme arrêtée entre les chefs de l'assemblée, et les républicains qui composaient les clubs et le conseil de la commune.

La suite des malheurs de ce prince fait le sujet du récit qu'on va lire.

CAPTIVITÉ

ET

MORT DE LOUIS XVI

Le refus que faisait Louis XVI de sanctionner les décrets de l'assemblée législative contre les princes ses frères et contre les prêtres insermentés, était un prétexte toujours renaissant d'inculpations violentes contre ce monarque, de la part des ambitieux et des forcenés qui agitaient alors la France. Le 20 juin 1792, une horde de bandits armés pénétra jusque dans son palais pour l'assassiner; mais Louis fit en ce jour preuve d'un rare courage ; il se présenta avec une noble assurance à ces furieux, leur parla d'un ton ferme, n'opposa à leurs grossiers outrages que le calme de la vertu, et les désarma par sa contenance auguste.

Il commença dès ce jour à se regarder comme une victime qui serait bientôt immolée. Il se jeta plein de résignation entre les bras de la Divinité, et fortifia son âme de tous les secours de la religion. Il fit, dit-on, alors un premier testament, qui a dû se trouver dans les papiers enlevés du château des Tuileries, et dont la connaissance aura été dérobée aux Français, dans la crainte que cette pièce n'inspirât trop d'intérêt à la nation en faveur de son infortuné monarque.

Sans cesse exposé à de nouvelles alertes, et pour être prêt à faire face aux événements, Louis XVI, depuis le 20 juin, ne quittait plus ses habits ; un fauteuil lui servait de lit quand le sommeil l'accablait. On ne parlait, dans tous les clubs et les rassemblements populaires, que de la *déchéance ;* tous les journalistes jacobins criaient la *déchéance ;* et le même cri retentissait sans cesse à la tribune et à la barre de l'assemblée.

Il s'était formé, dans les départements méridionaux, des hordes composées d'hommes accoutumés au meurtre et au brigandage, connus sous le nom de *Marseillais,* parce qu'ils avaient fait de Marseille le centre de leur puissance, et qu'ils y dominaient par la terreur que leur férocité inspirait. Aix et Arles avaient aussi éprouvé leur fureur ; mais leur rage s'était surtout déployée contre Avignon, qu'ils avaient contrainte, à force de massacres, à s'incorporer à la France. Ces bandits parurent aux chefs anti-royalistes propres à assurer le succès de leurs complots. Ils les appelèrent à Paris ; les *frères et amis* (c'est ainsi que se nommaient les jacobins) les reçurent avec des transports de joie. Bien traités, commodément logés dans le faubourg Saint - Marceau, où demeurait celui qui devait être leur commandant, dès le lendemain de leur arrivée ils se promenèrent dans les rues : sur un de leurs drapeaux était écrit *à bas le tyran ;* sur l'autre *la sanction* (1) *ou la*

______

(1) La sanction des décrets de l'assemblée contre les princes, frères du roi et contre les prêtres insermentés.

mort. Un d'entre eux portait pour enseigne un cœur de veau sanglant au bout d'une pique. Ils défilent avec un hideux cortége de populace devant la barre de l'assemblée, où on leur accorde les honneurs de la séance, et *Jérôme Pétion*, maire de Paris, vient demander de la part de toutes les sections de la ville la *déchéance du roi*. Il était faux que toutes les sections l'eussent chargé de cette révoltante commission ; mais Pétion était l'agent d'un parti qu'il servait avec d'autant plus d'audace qu'il comptait sur l'impunité d'une part et sur de grands avantages de l'autre, en quoi il fut bien trompé. Sa demande, qui eût dû soulever toute l'indignation de l'assemblée, en fut accueillie avec empressement et renvoyée à une commission chargée d'en faire le rapport le 9 août. Cependant, pour hâter la décision, les jacobins forment *un comité d'insurrection* qui s'assemble successivement en différents lieux, sous prétexte de repas fraternels. On y prend des mesures pour assaillir le château des Tuileries, et afin de donner un motif à l'insurrection, on répand le bruit que le roi veut s'enfuir de nouveau. Calomnie d'autant plus atroce que, peu de jours auparavant, le roi avait résisté avec une fermeté inébranlable à toutes les instances qui lui avaient été faites, de mettre sa tête en sûreté en s'éloignant de sa capitale.

Sur cette fausse rumeur, néanmoins, le perfide maire convoque la garde nationale et la fait placer tant dans le Carrousel qu'aux portes extérieures et sur les avenues du château, afin, disait-on, d'empêcher la fuite du monarque. Mais le roi avait pénétré le secret motif de ces hypocrites précautions ; il savait que tout le but de cet appareil était de s'emparer de sa personne, et de pousser peut-être plus loin l'attentat, selon les circonstances. Au défaut de sa garde qui lui avait été enlevée, il appelle auprès de lui plusieurs compagnies de Suisses. Toute la journée du 9 août, et pendant toute la nuit du 11, les appartements du château se remplissent de gentilshommes et autres militaires empressés, dans ce moment critique, de témoigner au roi leur fidélité et leur dévouement. Dix-huit cents gardes nationaux, dont il n'y avait guère que quatre cents sur la fidélité desquels ont pût compter, neuf cents Suisses, et trois cents gentilshommes, formaient sa défense; mais cès derniers étaient pour la plupart affaiblis par l'âge ou usés dans le service militaire; ils n'avaient pour armes que leur épée et des pistolets, et le roi n'avait ni fusils ni cartouches à leur donner.

A minuit, un coup de canon donne le signal, le tocsin sonne de toutes parts, et les brigands de tous les quartiers se rassemblent dans les points convenus, pour de là se porter sur le château. Le procureur syndic du département, Rœderer, le maire Pétion et deux officiers municipaux étaient déjà auprès du roi; ils visitèrent les postes et publièrent l'ordre de repousser la force par la force; ordre que M. Mandat, commandant de la garde nationale, de service ce jour-là, s'était fait donner par écrit de la main du maire. Cependant les intentions de Pétion paraissant suspectes à plusieurs des défenseurs du château, et notamment aux grenadiers de la section des Filles-Saint-Thomas, ceux-ci l'environnèrent, le forcèrent d'entrer dans le palais, et bientôt lui déclarèrent qu'il resterait leur otage et qu'il répondrait des jours du roi. Pétion, chez qui la lâcheté égalait la perfidie, se vit alors dans une cruelle perplexité et agité d'étranges frayeurs. Mais, ayant trouvé moyen d'en informer les jacobins de l'assemblée, ils le tirèrent de son embarras et de sa peur, par un décret qui le citait à leur barre, sous le prétexte d'y rendre compte de l'état des choses. Pétion rassure l'assemblée, et souffre à son tour que l'assemblée lui parle des prétendus dangers qu'il vient de courir dans le château. Il se rend ensuite à la mairie, où il est aussitôt environné d'une garde de trois cents hommes, qui lui proteste qu'elle ne souffrira pas qu'il aille davantage exposer ses jours.

Cependant une nouvelle municipalité s'était formée au son du tocsin. Pétion en est parfaitement accueilli ; mais tourmenté d'inquiétude sur l'ordre qu'il s'était vu obligé de laisser par écrit au commandant de la garde nationale, de repousser la force par la force, il communique à son conseil ses craintes que cet ordre très-bien suivi ne fasse échouer l'entreprise dirigée contre le château. La nouvelle municipalité intime aussitôt à M. Mandat l'ordre de se rendre sans délai à l'hôtel de ville. Un tel ordre était suspect dans de telles circonstances; M. Mandat attendit donc une nouvelle injonction, et ce ne fut que sur les représentations de Rœderer, ainsi que des deux officiers municipaux, qu'il partit du château, accompagné d'un seul aide-de-camp. A peine fut-il arrivé, que les nouveaux membres de la commune donnèrent tout haut l'ordre de le conduire à l'abbaye, et tout bas l'ordre de le massacrer. Un coup de pistolet le renverse sur les degrés de l'hôtel de ville, et des sabres l'achevèrent ; on tire de son portefeuille l'ordre écrit de Pétion, et ses assassins jettent son corps dans la Seine, sous les yeux de son fils qui le réclamait.

A cinq heures du matin, le roi descend du château, assigne aux Suisses leurs postes, passe en revue la garde nationale, infanterie et cavalerie, est reçu dans les rangs par tous avec respect, par un grand nombre avec acclamations. Mais bientôt l'arrivée d'un bataillon du faubourg

Saint-Marceau, envoyé par l'exécrable commune, et reçu comme s'il était venu augmenter le nombre des défenseurs, changea l'état des choses et amena de sinistres présages. Bientôt des cris *à bas le veto*, *à bas le tyran*, retentirent sur la terrasse. Le roi acheva cependant la revue avec courage et avec calme ; mais ses traits, en rentrant au château, laissaient voir les tristes pressentiments dont il était intérieurement agité. Vers huit heures, les Marseillais, auxquels s'étaient joints les Brestois, leurs dignes compagnons, tirés du bagne de Brest, comme les premiers étaient pour la plupart échappés des galères de Marseille, s'annoncent de loin par les cris effrayants que poussait la populace immense qui les suivait. La première garde à laquelle ils se présentent refuse le passage ; ils insistent. Quelques coups sont tirés. Les brigands, qui ne croyaient pas éprouver de résistance, se déconcertent et reculent. Un ordre de charger, donné dans ce moment, les eût tous mis en fuite. Malheureusement la garde nationale se trouvait alors sans chef. Etonnée, incertaine, elle laisse passer entre ses rangs des troupes d'hommes et de femmes, qui se disent être des *pétitionnaires*, et n'aller au château que pour présenter au roi leurs suppliques. Pendant cet intervalle, les fuyards, ne se voyant pas poursuivis, reviennent et remplissent le Carrousel, où le prussien *Westerman*, leur chef, les range en bataille. Le tumulte augmente ; on se trouble dans le palais. Rœderer vient annoncer au roi que la fureur du peuple est à son comble, que le nombre des insurgés va toujours croissant, qu'ils ont des moyens d'attaque formidables, qu'il est inutile de penser à leur résister, et que le seul moyen de salut qui reste à la famille royale et à son chef est de se retirer au sein de l'assemblée.

Le roi était plus porté à tenter cet expédient qu'à voir couler le sang de ses sujets. La reine n'en pouvait supporter l'idée ; elle avait déjà déclaré qu'elle se ferait plutôt clouer aux murs du château que de choisir cet indigne refuge : « Quoi de plus imprudent et de plus honteux, dit-elle au procureur-syndic, que d'aller demander un asile à cette assemblée, qui se refuse au moindre signe d'intérêt pour le roi ; qui, dans ce moment, met en question sa déchéance, et peut-être la prononce à l'heure même ! Devons-nous nous séparer de nos généreux défenseurs, nous priver de leurs secours, augmenter leurs dangers par notre éloignement ? Ah ! si nous ne pouvons plus sauver notre vie, sauvons du moins notre honneur !

— Vous voulez donc, Madame, lui dit alors Rœderer, vous rendre coupable de la mort du roi, de celle de votre fils, de votre fille, de la vôtre même ; vous voulez donc enfin voir périr tout ce qui vous est cher? » La reine, frappée de ce terrible tableau, n'objecte plus rien, et accompagnée de son fils, de sa fille et de sa sœur, madame Elisabeth, elle suit tristement son époux vers ce funeste asile. Les gentilshommes rassemblés dans les appartements voulaient escorter le monarque : « Jamais, s'écriaient-ils, jamais nous n'abandonnerons le roi dans un si grand danger. — Vous voulez donc le faire tuer ? » reprend Rœderer. La reine tourne sur eux ses regards attendris : *Restez*, leur dit-elle, *nous reviendrons bientôt*. Mais, tous ces Français, les yeux baignés de larmes, se disaient entre eux : « Non, ils ne reviendront pas au palais de leurs pères ! »

Louis XVI ayant quitté le château, les gardes nationaux et les gentilshommes accourus à sa défense se virent bientôt, ainsi que les Suisses, aux prises avec les insur-

gés. Des Marseillais, s'approchant des Suisses, sous prétexte de fraterniser , en attirent cinq dans leurs rangs et les
massacrent inhumainement. En même temps un coup de
pistolet tiré sur les Suisses excite leur fureur; sur l'ordre
de leurs capitaines *Turler* et *Castelberg* , ils font partir
des portes et des fenêtres un feu roulant , qui met en fuite
cette lâche multitude , et ils s'emparent des canons des
Marseillais. L'alarme pénètre dans l'assemblée , plusieurs
de ses membres , pleins de frayeur, entourent le roi et le
supplient avec instance de faire cesser la défense du château. Louis pouvait voir que son sort n'était pas déses-
péré ; il lui restait encore une lueur de salut dans le courage de ces braves étrangers, et la victoire qu'ils ramenaient
à sa cause pouvait même , sous quelques heures , lui recon-
quérir le royaume et mettre ses ennemis à ses pieds. Mais,
toujours effrayé à la pensée de l'effusion du sang de ses
sujets, Louis acheva de se livrer et d'anéantir sa dernière
ressource, en envoyant aux Suisses victorieux l'ordre de
quitter le château , et de ne se permettre d'autre défense
que celle qui serait nécessaire pour avoir la vie sauve, sans
effusion de sang. Cette restriction, qui est aussitôt publiée,
envahit les lâches , qui de fuyards redeviennent assail-
lants lorsque le combat est pour eux sans danger. Bientôt
sûrs de ne courir aucun risque , ils viennent fondre sur
les Suisses. Ces braves soldats , fidèles à la discipline , ne
se servent de leurs armes que pour parer les coups. Ceux
qui étaient dehors rentrent dans le château et s'y barri-
cadent. On amène contre eux du canon ; ils sont foudroyés,
dispersés , poursuivis avec acharnement , tirés des endroits
où ils avaient cherché un abri, et massacrés, tant isolés que
par bandes, avec tous les raffinements d'une rage de cannibales. Leurs membres encore palpitants étaient traînés

dans les rues, et leurs têtes promenées au bout des piques. Les femmes se montrèrent plus cruelles et plus féroces que les hommes. On en vit dépouiller les Suisses, les égorger, les désarmer, et faire trophée des honteuses mutilations auxquelles elles s'encourageaient réciproquement. Le château fut pillé et ravagé sans profit pour les furieux, et pour le seul plaisir de détruire. On eut beaucoup de peine à éteindre le feu qu'ils y avaient mis en plusieurs endroits. On estime à cinq ou six mille le nombre des victimes de cette déplorable journée.

Le roi et sa famille embarrassèrent d'abord l'assemblée, qui, après quelques mots adressés à ce prince par Vergniaud, qui occupait alors le fauteuil, resta un certain temps dans un morne silence. Un membre le rompit pour faire observer que la constitution ne permettait pas de délibérer en présence du monarque. On pria donc le roi de quitter la place qu'il avait prise à côté du président suivant l'usage, et on le mit avec sa famille dans une loge de journaliste, derrière le bureau; prison de douze pieds carrés, où les illustres captifs furent seize heures de suite en proie aux inquiétudes et en butte aux outrages.

Des forcenés se succèdent à la tribune de l'assemblée, demandant, avec des vociférations et des gestes menaçants, la déchéance du monarque et même sa mort, et celle de tous les membres de la famille royale. C'était par le jeu cruel de ces acteurs féroces que l'assemblée préludait au dénouement de la scène de cette fatale journée, et préparait les esprits à envisager, comme mesure de salut public, un rapport rédigé par douze de ses membres les plus révolutionnaires. Organe de cette commission, Vergniaud vient imposer silence aux motionnaires, monte à la tribune et fait lecture d'un projet de décret dont le préambule

faible et embarrassé n'était qu'un tissu de mensonges et de
perfidie. Le projet de décret avait onze articles, dont les
principaux sont : 1° l'appel d'une *convention nationale*,
pour assurer la souveraineté du peuple, le règne de la
liberté et de l'égalité; 2° la *suspension* provisoire du roi ;
3° la *suppression* provisoire de la liste civile ; 4° la
détention du monarque et de sa famille dans le château
du Luxembourg.

Ce ne fut qu'à une heure après minuit qu'il fut permis
à la famille royale de passer de la loge du logographe,
réduit étroit où elle étouffait depuis le matin, dans un
chétif appartement du monastère des Feuillants, où elle
fut sévèrement gardée. Telle fut la journée du 10
août.

Dès la matinée du 11, on s'empressa de ramener les
illustres victimes à la prison du Manége et au supplice de
la veille. Elles se virent en butte aux mêmes outrages;
elles entendirent vomir les mêmes imprécations. Les
jacobins qui cernaient l'assemblée hurlaient à l'unisson
de ceux qui siégeaient dans son sein. Il y eût même un
moment où la fermentation extérieure fut telle qu'on ne
s'entendait plus dans cette assemblée, et son président,
honteux pour elle des cris de mort que ne cessait de pousser la meute régicide, ne put s'empêcher de crier : *Grand
Dieu, quels cannibales!* On crut que la garde allait être
forcée; et l'inspecteur de la salle vint avertir le roi de se
retirer dans le couloir de sa loge, dès qu'il verrait paraître
les premières piques.

Cette cruelle épreuve de la famille royale dura quatre
jours, pendant lesquels l'assemblée eut encore la barbarie
de lui enlever les moindres consolations qui eussent pu en
diminuer les horreurs. Quelques amis généreux, bravant

tous les dangers, s'étaient attachés aux pas de ces illustres infortunés : un décret les en arracha.

Ce coup fut le plus sensible pour le cœur de Louis : « Ah ! dit-il, nous sommes plus malheureux que Charles 1er ; du moins on lui permit d'être environné de ses amis jusqu'à ses derniers moments ! »

Parmi les insultes multipliées qu'eut à essuyer Louis XVI dans le funeste asile où il s'était réfugié, l'assemblée ne lui épargna pas celle de discuter longuement en sa présence sur la prison dont on voulait faire choix pour le renfermer. Le décret avait assigné le Luxembourg ; mais l'assemblée, trouvant cette demeure trop commode, revint sur cette disposition. Après qu'on lui eut successivement proposé la maison de Beaumarchais et d'autres grands hôtels, sur la motion de Manuel, elle donna la préférence à une prison proprement dite ; et, regrettant les tours de la Bastille, son opinion se décida pour celle du Temple.

Le 13 août, à quatre heures après-midi, Louis fut conduit dans sa prison, escorté des mêmes brigands stipendiés qui l'avaient assiégé dans son palais. Ces misérables, dont la plupart étaient armés, faisaient retentir l'air de leurs imprécations contre le roi et contre la reine. Le maire de Paris, Pétion, ordonnateur de la marche, la fit durer près de trois heures. Ce vil factieux s'était placé dans la voiture du roi. Il la fit diriger par la place Vendôme, et arrêter en face de la statue équestre de Louis XIV, qu'on venait d'abattre, afin que le roi pût en voir les débris. Le soir, les portes du Temple se fermèrent sur les captifs, ainsi que sur madame la princesse de Lamballe, sur MM. de Chamilly et Hue, valets de chambre du roi, dont le monarque acceptait le dévouement ; sur mesdames Thibaut, Bazire, Navarre et Saint-Brice, femmes de chambre de la reine, de la princesse royale et de la princesse Elisabeth, et sur madame et mademoiselle de Tourzel, qui venaient avec un empressement religieux partager cet épouvantable sort. Quoique les municipaux voulussent mettre de la gradation dans leurs barbaries, dès le premier jour ils furent cruels ; dès le premier jour Louis fut sublime dans sa résignation. Il ne plut point à la commune de ratifier le décret qui, en supprimant la liste civile, assignait des fonds pour l'entretien du roi et de sa famille. L'indigence du roi fut telle qu'une partie des jours et des nuits des princesses captives fut employée à réparer leurs vêtements et ceux du roi. On leur permit à peine de s'arrêter quelques heures dans les appartements commodes et spacieux du Temple ; on les logea au second et au troisième étage d'une tour, dans des chambres malpropres et démeublées.

La tour qu'occupèrent d'abord ces infortunées victimes de la rage révolutionnaire était composée de quatre étages, mais dont le quatrième leur fut interdit, ainsi que le rez-de-chaussée. Le premier était divisé en trois pièces : salle à manger, bibliothèque et cabinet. Au second étaient deux chambres, dans l'une desquelles étaient les lits de la reine et du dauphin, et dans l'autre ceux de Madame royale et de madame Elisabeth. Le roi avait sa chambre au troisième, à côté de laquelle étaient un cabinet et une petite cuisine.

En passant de son palais dans une prison, la famille royale n'avait trouvé d'autre adoucissement à sa situation que le zèle des personnes qui s'étaient dévouées à en partager les peines et les dangers. Cette consolation lui fut enlevée au bout de quelques jours : on lui arracha ces fidèles serviteurs, et punissant leur attachement comme un crime, on les jeta dans la prison de la Force. Des huit personnes qui avaient suivi les prisonniers, on ne leur laissa qu'un seul valet de chambre, M. Hue ; il leur fut enlevé le 2 septembre et mis en arrestation. Sur ces entrefaites, M. Cléry, valet de chambre du Dauphin, avait sollicité et obtenu l'agrément de Pétion pour aller continuer son service au Temple auprès du jeune prince. Manuel vint dans la matinée du 3 septembre informer le roi que M. Hue ne paraîtrait plus au Temple, et que le conseil de la commune enverrait une autre personne pour le remplacer. « Je vous remercie, lui répondit le roi, je me servirai du valet de chambre de mon fils, et si le conseil s'y refuse, je me servirai moi-même ; j'y suis résolu. »

Il est plus aisé de se figurer que de raconter ce qu'eut de déchirant pour le cœur de Louis XVI la nouvelle du massacre des 2 et 3 septembre, où périrent huit mille Français, parmi lesquels étaient les plus fidèles serviteurs de sa maison, d'anciens ministres, d'anciens généraux, l'élite du clergé français et son vertueux confesseur l'abbé Lenfant. La manière imaginée par les meneurs de cette exécution sanglante pour en donner connaissance aux prisonniers du Temple, était en tout digne d'êtres féroces qui avaient été les inventeurs et les acteurs de cette horrible tragédie. Au nombre des victimes massacrées dans la prison de la Force se trouvait la princesse de Lamballe. Les chefs des égorgeurs firent retirer son corps du tas de cadavres parmi lesquels il était confondu. Sa tête en fut détachée et plantée sur une pique ; le cœur en fut arraché et fiché au bout d'une épée ; le tronc fut attaché à des cordes, et l'ordre fut donné aux exécuteurs subalternes de s'acheminer avec ces restes sanglants vers le Temple. Bientôt une foule immense de brigands des deux sexes accoururent se ranger autour de ce cortége affreux, firent retentir l'air d'horribles imprécations contre la famille royale. L'espoir des meneurs était que la prison du Temple serait forcée, et que les prisonniers en seraient aussi massacrés ; ce qui eût abrégé les formes du régicide, voulu par les ennemis de l'autel et du trône. Les municipaux de garde, voyant la prison cernée et menacée par une populace immense, envoyèrent coup sur coup des avis au maire Pétion et au général Santerre, et au président de la convention, pour les informer de ce qui se passait et pour leur demander du secours ; mais ce fut en vain, six heures se passèrent, et rien ne parut pour dissiper ou réprimer cette multitude effrénée. La horde se disposait à l'attaque, en demandant à grands cris la tête de la reine, lorsqu'un officier municipal qui avait harangué ces forcenés pendant une heure, se vit forcé de capituler, et de consentir à ce que quatre d'entre eux montassent dans la Tour, pour s'assurer qu'on n'en avait pas enlevé les prisonniers. Le municipal les introduisit auprès du roi, qui demanda d'abord ce que signifiait le tumulte qu'il entendait depuis longtemps ? Un des quatre députés des brigands répond que le peuple veut savoir si lui et sa famille sont toujours au Temple, et que, pour lui en donner la preuve, il doit se montrer à la fenêtre. Le roi répond que s'il ne faut que se montrer pour apaiser ce soulèvement, il va le faire. Mais le municipal l'arrête en lui disant : « N'avancez pas, sire, c'est une horreur ! » L'autre, voyant sa malicieuse férocité déçue, s'adresse alors à la reine et lui dit du ton le plus grossier : « On veut vous cacher la tête de la Lamballe qu'on vous apportait, pour vous faire voir comment le peuple se venge de ses tyrans : je vous conseille de paraître, si vous ne voulez pas que le peuple monte ici. » A ces mots, la reine tomba évanouie dans les bras de madame Elisabeth : on parvint avec peine à la placer sur son fauteuil ; ses enfants fondaient en larmes et cherchaient par leurs caresses à la ranimer. Le brigand ne s'éloignait point, le roi lui dit avec fermeté : « Nous nous attendons à tout, monsieur; mais vous auriez pu vous dispenser d'apprendre à la reine cet affreux malheur. » Il sortit alors avec ses camarades; leur but était rempli.

Ces scènes d'horreur ayant été suivies de quelque tranquillité, la famille royale continua le genre de vie qu'elle avait adopté à son entrée au Temple.

Le roi se levait ordinairement à six heures du matin ; il se rasait lui-même. Lorsqu'il était habillé, il passait dans le cabinet voisin de sa chambre, qui lui servait de cabinet de lecture. Cette pièce était très-petite; le municipal de garde restait dans la chambre à coucher, la porte entr'ouverte, afin d'avoir toujours les yeux sur le roi. Sa Majesté priait à genoux pendant cinq à six minutes, et lisait ensuite jusqu'à neuf heures. La reine alors, ses enfants et madame Elisabeth montaient dans la chambre du roi pour le déjeuner. Après les avoir servis, M. Cléry faisait les chambres de la reine et des princesses ; il se faisait aider, pour ces sortes d'occupation seulement, par *Tison* et sa femme, employés au service de la Tour. Ce n'était pas pour le service seulement que ces deux êtres avaient été placés dans la Tour ; un rôle plus important leur avait été confié : c'était d'observer tout ce qui aurait pu échapper à la surveillance des municipaux, et de dénoncer les municipaux eux-mêmes. A côté de ce qu'il y avait de plus vertueux sur la terre, les conspirateurs avaient voulu placer ce qu'ils avaient trouvé de plus vil !

A dix heures, le roi descendait avec sa famille dans la chambre de la reine, et y passait la journée. Il s'occupait de l'éducation de son fils; lui faisait expliquer des auteurs latins, et lire des auteurs français, assez à sa portée, pour qu'il pût sur-le-champ rendre compte de ses lectures.

Le reste de la matinée se passait, pour les trois princesses, à coudre, à tricoter ou faire de la tapisserie, tandis que le roi s'occupait de lectures, et d'une seconde leçon qu'il donnait au dauphin sur l'histoire de France et la géographie.

A une heure, quand le temps le permettait, le roi et sa famille se promenaient dans le jardin. Mais comme ils étaient sous l'inspection de quatre municipaux, le temps de cette promenade, plus nécessaire qu'agréable aux prisonniers, se passait en conversations insignifiantes, dont les enfants faisaient presque tous les frais.

A deux heures, on remontait pour le dîner, qui n'était pas long. Après le dîner, la famille se rendait chez la reine pour y prendre une heure de récréation.

Vers les quatre heures, le roi, qui ne passait jamais que six heures au lit, s'assoupissait quelques minutes sur un fauteuil. Le plus profond silence s'établissait alors autour de lui; et chacun, un livre à la main, s'interdisait le moindre mouvement qui eût pu troubler son repos. Dès que le roi s'éveillait, on appelait le valet de chambre, qu'on avait établi maître d'écriture, pour en donner une leçon au dauphin. Les princesses reprenaient le travail des mains, et le roi faisait une lecture, et récitait une partie de l'office canonial, dont il s'était imposé le tribut entier durant sa captivité au Temple.

A la fin du jour, toute la famille rassemblée se rangeait autour d'une table pour une lecture commune. La reine lisait d'abord, et madame Elisabeth continuait après elle. Cet exercice, qui servait à l'édification de tous, avait

pour but principal l'instruction morale des enfants. Pour
le rendre plus attachant et en bannir la monotonie, le
roi l'interrompait de temps en temps, tantôt par un trait
d'histoire, tantôt par une réflexion tirée du sujet, ou
analogue aux circonstances où l'on se trouvait.

Cette instruction finissait à huit heures. On passait
alors dans la chambre de madame Elisabeth, où le souper
du dauphin était servi. C'était le moment de la récréation
du soir, et tous y prenaient part. Le roi, sur le ton d'une
douce gaieté auprès de ses enfants, leur racontait une
histoire, les amusait de quelque anecdote, ou les exerçait
à quelque jeu d'esprit, comme à deviner des énigmes
tirées d'une collection des Mercures de France, qu'il avait
trouvée dans la bibliothèque.

A neuf heures, on servait le souper. Pendant ce temps,
la reine et madame Elisabeth restaient alternativement
auprès du dauphin, pour lui faire réciter sa prière du soir
et attendre qu'il fût endormi. Le roi faisait porter le
souper à celle des princesses qui était retenue auprès de
l'enfant.

Le souper fini, le roi reconduisait les princesses jusqu'à
la chambre de la reine. La reine et madame Elisabeth lui
baisaient la main ; il donnait sa bénédiction à madame
royale, et se retirait. Les princesses faisaient alors leurs
prières du soir; et le roi, rentré chez lui, s'occupait
jusqu'à minuit de lectures, de prières et de la récitation
des heures canoniales.

A minuit, après que la garde était relevée, le valet de
chambre apportait au roi le nom du nouveau municipal
qui allait passer la nuit à sa porte ; le prince alors se
mettait au lit, et le valet de chambre dormait sur un lit de
camp qu'il dressait à côté du sien.

Les municipaux étaient relevés à onze heures du matin, à cinq heures du soir et à minuit, et rivalisaient entre eux d'astuce et de barbarie pour tourmenter les prisonniers. A tous les instants du jour, à toutes les heures de la nuit, pendant le travail et pendant le repos, les augustes victimes avaient à supporter l'odieuse présence de ces farouches surveillants : supplice beaucoup plus cruel que celui de la captivité même. Et, comme s'il eût fallu qu'on empoisonnât encore le pain de douleur qu'on leur donnait, Santerre, brasseur de bière, général de la garde nationale, venait accompagné de deux aides de camp se placer sous leurs yeux pendant leur dîner, et ne sortait de la tour qu'après en avoir visité toutes les chambres.

Un municipal nommé James, maître de langue anglaise, voulut un jour suivre le roi dans son cabinet de lecture, et s'assit à côté de lui. Le roi lui dit d'un ton modéré que ses collègues le laissaient toujours seul, que la porte restant ouverte il ne pouvait échapper à ses regards, mais que la pièce était trop petite pour y rester deux. James insista d'une manière dure et grossière ; le roi fut forcé de céder : il renonça pour ce jour-là à sa lecture, et rentra dans sa chambre, où ce municipal continua de l'obséder par la plus tyrannique surveillance.

La famille royale voyait ses actions les plus simples interprétées dans un sens aussi absurde qu'odieux. On les dénonçait comme des crimes au conseil municipal, qui se croyait fondé par les délations continuelles à ordonner de nouvelles vexations. Si le roi donne des leçons au dauphin, on l'accuse de lui donner une éducation anti-républicaine ; quand il lui enseigne l'histoire, on prétend qu'il veut lui inspirer des sentiments de vengeance contre sa patrie. Le jeune prince apprenait l'arithmétique, on accusa la reine de vouloir former son fils au dangereux secret d'écrire en chiffres, et il fallut supprimer les leçons de calcul. Les princesses se faisaient une occupation de la tapisserie sur les dessins les plus communs : ces dessins, aux yeux des surveillants, devinrent des hiéroglyphes, et un arrêté du conseil municipal, prenant l'objet en considération, fit défense de laisser sortir du Temple les ouvrages des princesses.

Tout ce qui approchait les prisonniers était d'intelligence dans ce système de tracasseries. On était résolu à ne leur trouver que des torts ; et où l'action était évidemment irrépréhensible, l'intention était encore calomniée. Gardaient-ils le silence en présence des commissaires municipaux, c'était dédain et mépris ; leur adressaient-ils la parole, c'était en vue de les suborner.

Un jour, à son lever, le roi prenant le commissaire de garde pour le même qu'il avait vu la veille, et lui témoignant avec intérêt qu'il était fâché qu'on eût oublié de le relever, ce municipal, qui s'appelait Meunier, ne répondit à ce mouvement de sensibilité du roi que par des injures : « Je viens ici, dit-il, pour examiner votre conduite, et non pour que vous vous occupiez de la mienne. » Et s'avançant près de Sa Majesté, le chapeau sur la tête : « Personne, et vous moins qu'un autre, n'a le droit de s'en mêler. » Il garda toute la journée le même ton d'insolence.

Le nommé Simon, cordonnier et officier municipal, le même à qui fut, dans la suite, confié l'infortuné fils de Louis XVI, était un des six commissaires chargés d'inspecter les travaux et les dépenses du Temple ; mais il était le seul qui, sous prétexte de bien remplir sa place, ne quittait point la tour. Cet homme ne paraissait jamais devant

la famille royale sans affecter de la traiter avec la plus dé-
goûtante et la plus vile grossièreté.

Par les propos que ces commissaires osaient tenir en
face de leurs illustres prisonniers, on peut juger de ceux
qu'ils se permettaient entre eux, et à une distance assez
rapprochée du roi et des princesses pour en être entendus.
Leurs conversations les plus habituelles se composaient de
blasphèmes contre la religion et les mœurs, ou d'imprécations contre les rois et les prêtres; mais surtout contre les
augustes et patientes victimes de leur odieuse surveillance.
« Oui, disait un jour un municipal nommé Turlet, et il
l'assurait en jurant, si le bourreau refusait ses services,
je me ferais moi-même bourreau pour guillotiner cette
famille. »

Le roi et sa famille, en sortant pour la promenade,
devaient passer devant un grand nombre de sentinelles,
dont plusieurs même, à cette époque, étaient placées dans
l'intérieur de la tour. Les factionnaires présentaient les
armes aux municipaux et aux chefs de légion; mais quand
le roi arrivait près d'eux, ils posaient l'arme au pied
ou la renversait avec affectation.

Un de ces fonctionnaires de l'intérieur écrivit un jour
sur la porte de la chambre du roi et en dedans : *La guillotine est permanente et attend le tyran Louis XVI*. Le roi
lut ces paroles; son valet de chambre fit un mouvement
pour les effacer, Sa Majesté s'y opposa.

Un des portiers de la tour, nommé Rocher, d'une horrible figure, vêtu en sapeur, avec de longues moustaches,
un bonnet de poil noir sur la tête, un large sabre au côté
et une ceinture à laquelle pendait un trousseau de grosses
clés, se présentait à la porte lorsque le roi voulait sortir;
il ne l'ouvrait qu'au moment où Sa Majesté était près de

lui, et sous prétexte de choisir dans ce grand nombre de clés qu'il agitait avec un bruit épouvantable, il faisait attendre avec affectation la famille royale et tirait les verrous avec fracas. Il descendait ensuite précipitamment, se plaçait à côté de la dernière porte, une longue pipe à la bouche, et à chaque personne de la famille royale qui sortait, il soufflait un gros nuage de fumée de tabac, surtout devant les princesses. Quelques gardes nationaux qui s'amusaient de ces insolences, se rassemblaient près de lui, riaient aux éclats à chaque bouffée de fumée, et se permettaient les propos les plus grossiers; quelques-uns même, pour jouir plus à leur aise de ce spectacle, apportaient des chaises du corps-de-garde, s'y tenaient assis, et obstruaient le passage déjà fort étroit.

Pendant la promenade, les canonniers se rassemblaient pour danser, et chantaient des chansons toujours révolutionnaires, quelquefois obscènes.

Lorsque la famille royale remontait dans la tour, elle essuyait les mêmes injures; souvent on couvrait les murs des apostrophes les plus indécentes, écrites en assez gros caractères pour ne pas échapper à ses regards. On y lisait : *Madame Véto la dansera.... Nous saurons mettre le gros cochon au régime.... A bas le cordon rouge.... Il faut étrangler les petits louveteaux, etc.* On crayonnait tantôt une potence, où était suspendue une figure sous les pieds de laquelle était écrit : *Louis prenant un bain d'air;* tantôt une guillotine avec ces mots : *Louis crachant dans le sac,* etc. On changeait ainsi en supplice cette courte promenade qu'on accordait à la famille royale. Le roi et la reine auraient pu s'y dérober en restant dans la tour; mais leurs enfants, objets de leur sensibilité, avaient besoin de prendre l'air; c'était pour eux que Leurs Majestés

supportaient chaque jour sans se plaindre des milliers
d'outrages.

Quelques témoignages cependant, ou de fidélité ou d'at-
tendrissement, vinrent quelquefois adoucir l'horreur de
ces persécutions. Deux factionnaires donnèrent des marques
de sensibilité qui heureusement ne furent point aperçues
des féroces surveillants, mais qui n'échappèrent point ni
aux yeux ni au cœur des prisonniers. L'heure de la promenade était connue du public, un grand nombre de sujets fidèles profitaient chaque jour de ce court intervalle pour
voir leur roi et leur reine, en se plaçant aux fenêtres des
maisons situées autour des jardins du Temple, et il était impossible de se tromper sur leurs sentiments et sur leurs vœux.

Ce fut par le zèle ingénieux de quelques personnes dévouées que la famille royale parvint à connaître que
Mme de Tourzel, dont le sort l'inquiétait, était dans une
de ses terres, et que la princesse de Tarente et madame
la marquise de la Roche-Aimon, qui, le 10 août, au
moment de l'attaque, s'étaient trouvées dans le château
des Tuileries, avaient échappé aux assassins. La sûreté de
ces personnes, dont le dévouement s'était manifesté en
tant d'occasions, donna quelques instants de consolations
aux infortunés détenus. Mais une nouvelle épreuve ne tarda
point à renouveler toutes leurs douleurs. Bientôt, en effet,
ils apprennent l'affreuse nouvelle que les prisonniers de la
haute-cour d'Orléans avaient été massacrés, le 9 septembre,
à Versailles. Le roi fut accablé de douleur de la fin malheureuse de M. le duc de Brissac, qui ne l'avait pas
quitté un seul jour depuis le commencement de la révolution, et de M. de Lessart, enveloppé dans le même sort,
et victime comme lui de son attachement à son roi et à
sa patrie.

Le 21 septembre, à quatre heures du soir, le nommé
Lubin, municipal, vint, entouré de gendarmes à cheval
et d'une nombreuse populace, faire une proclamation
devant la tour. Les trompettes sonnèrent, et il se fit un
grand silence. Ce Lubin avait une voix de stentor. La
famille royale put entendre distinctement la proclamation
de l'abolition de la royauté et de l'établissement d'une
république. Héberi, si connu sous le nom de père Duchêne,
et Destournelles, depuis ministre des contributions publiques, se trouvaient de garde auprès de la famille royale;
ils étaient assis en ce moment près de la porte, et fixaient
le roi avec un sourire perfide, qui décelait la secrète jouis-
sance qu'ils éprouvaient de ce nouvel outrage fait aux
illustres captifs. Le roi s'en aperçut; il tenait un livre à la
main et continua de le lire; aucune altération ne parut
sur son visage; la reine montra la même fermeté. La
proclamation finie, les trompettes sonnèrent de nouveau.
Cléry se mit à une fenêtre : aussitôt les regards du peuple
se tournèrent vers lui; on le prit pour Louis XVI, il fut
accablé d'injures; les gendarmes lui firent des signes menaçants avec leurs sabres, et il fut obligé de se retirer pour
faire cesser le tumulte.

L'unique consolation humaine qui soutenait l'infortunée
famille, était d'être réunie à son chef. Pétion résolut de
l'en séparer; et, de l'avis de son conseil municipal, il
arrêta que le roi serait transféré dans une autre tour, où
il reposerait avec plus de sûreté sous les portes de fer et
les verrous. Témoin des dispositions qui se faisaient à cette
fin, Cléry prit sur lui d'en informer son maître, qui, en
le voyant agité, le rassura et lui dit : « Vous ne pouviez,
mon cher Cléry, me donner une plus grande preuve de
votre attachement. Dans la situation où je suis, je m'at-

tends à tout, et j'exige de votre zèle que vous ne me cachiez rien de ce que vous pouvez apprendre de leurs desseins sur moi. »

Le 29 septembre, des commissaires se rendent au Temple, visitent toutes les chambres de la tour, fouillent dans les secrétaires, en enlèvent papiers, plumes, encre, crayons, enjoignent à chaque individu, en commençant par le roi, à exhiber ce qu'il a dans ses poches : ce qui s'exécute sans qu'on daigne donner la moindre explication d'un procédé si rigoureux.

Dès le soir du même jour, les mêmes commissaires revinrent, porteurs d'un arrêté du conseil municipal qui prescrivait la translation du roi dans la grande tour et ordonnait qu'elle s'effectuât sur l'heure même. Le seul adoucissement accordé à cette nouvelle rigueur, fut que Cléry pourrait rester enfermé avec son maître ; triste faveur que Louis XVI payait encore du chagrin de laisser sa famille sans un seul bras pour son service. Mais, de part et d'autre, le supplice déchirant fut l'idée d'une séparation sans espoir de réunion. Les commissaires chargés de l'exécution de cet arrêté y procèdent avec un silence farouche, jettent le roi dans une chambre où l'obscurité ne laissait rien distinguer, et disparaissent sans mot dire. Personne ce jour-là ne reparut après   ouvelle habitation n'était pas meublée, et des couleurs nouvellement appliquées y jetaient une odeur empoisonnée. Il s'y trouva un lit pour le roi, mais le valet de chambre n'en eut pas.

Le lendemain, on apporta au roi son déjeûner, et le valet de chambre fut encore oublié. Le prince, s'en étant aperçu, lui dit :

« Approchez, Cléry, nous partagerons. »

Et comme celui-ci remerciait, le roi rompit son pain

et l'obligea d'en accepter la moitié. A ce spectacle d'un grand roi réduit à se priver du seul morceau de pain qu'il eût pour en nourrir le seul sujet qui lui restât, le fidèle serviteur ne put retenir ses larmes, ni son bon maître les voir couler sans essuyer les siennes.

Dans la matinée du même jour, de nouveaux commissaires se présentèrent chez le roi ; ces hommes grossiers et brutaux lui dirent dans leur langage trivial, qu'ils venaient de la petite tour, dont ils avaient laissé les habitants en bonne santé. Le roi leur témoigna combien il était sensible aux nouvelles qu'ils lui donnaient de sa famille, et les pria d'aller lui en reporter des siennes, et lui demander quelques livres, dont il avait besoin pour s'occuper, parce qu'on ne lui avait pas laissé le temps d'en apporter aucun. Comme ces municipaux ne savaient pas lire, ils furent obligés d'amener avec eux Cléry, pour démêler les livres que le roi désirait avoir.

Cléry retrouva la famille royale dans l'état de désolation où il l'avait laissée la veille. Mille questions lui sont faites à la fois sur la santé du roi et les circonstances de sa nouvelle situation. Il répondit, suivant ses instructions, de la manière la plus propre à relever les courages abattus. C'est alors que la reine, s'adressant aux municipaux, leur dit, sur le ton de la désolation qui n'excluait pas les souvenirs de sa majesté :

« Eh ! messieurs, n'étions-nous donc pas assez malheureux quand nous l'étions tous ensemble ? et pourquoi faut-il qu'on nous sépare du roi ? Quel inconvénient pouvait donc avoir notre réunion, ne fût-ce que pendant les repas et sous votre surveillance ? »

Lorsque la princesse parlait ainsi, des ruisseaux de larmes inondaient ses joues enflammées par la douleur.

De son côté, madame Elisabeth faisait d'inutiles efforts pour étouffer ses sanglots, tandis que le jeune dauphin et sa sœur jetaient des cris de douleur. Les municipaux ne purent tenir à cette scène, et l'un d'eux s'étant écrié : « Soit, qu'ils dînent ensemble aujourd'hui ; on se conformera demain à la décision de la commune, » ses collègues se rendirent à son avis.

A cette faveur inespérée, la religieuse famille se répand en actions de grâces envers le Dieu propice à ses vœux. Madame Elisabeth, les yeux et les mains levés vers le ciel, offre à ceux qui la voient l'image d'un ange consolateur. La reine, serrant ses enfants dans ses bras, leur dit : « Remerciez Dieu, mes enfants ; il nous accorde de revoir votre père. » Et les enfants, dans la simplicité de leur innocence, se mettent à genoux et font une prière. C'était là un spectacle tout nouveau pour ceux qui y donnaient occasion. Un religieux étonnement saisit, malgré eux, des hommes qui n'avaient jamais connu les tendres émotions des cœurs vertueux ; et ceux qui avaient reçu mission pour faire couler des larmes, sont forcés d'en essuyer eux-mêmes. En ce moment, un homme devenu fameux par sa férocité, le cordonnier Simon, dans le dépit de succomber à un mouvement de sensibilité, car il était du nombre des commissaires témoins de cette scène attendrissante, s'écria tout haut et en jurant : « Je crois que ces.... femmes-là me feraient aussi pleurer.... » Puis, s'adressant à la reine : « Quand vous assassiniez le peuple, ajouta-il, vous ne pleuriez pas alors. » A quoi la reine répondit : « On l'a bien trompé, ce peuple, monsieur, et on le trompe bien encore sur nos sentiments pour lui ! »

La famille royale fut conduite chez le roi pour le dîner, durant lequel elle songea moins à manger qu'à profiter de tous les instants d'une entrevue qui pouvait être la dernière. Cependant le maire et son conseil arrêtèrent que les prisonniers seraient réunis tous les jours pour le temps des repas, et pour une heure de promenade dans le petit jardin de la dépendance du Temple.

La reine vint peu de temps après habiter l'appartement qu'on lui avait préparé dans la grande tour ; mais ce jour-là même, si vivement désiré par la famille royale et qui semblait promettre quelques consolations, fut marqué, de la part des municipaux, par un nouveau trait d'animosité contre la reine. Depuis son entrée au Temple, ils la voyaient consacrer son existence au soin de son fils, et trouver quelque adoucissement à ses maux dans sa reconnaissance et dans ses caresses ; ils l'en séparèrent sans l'en prévenir : sa douleur fut extrême. Le jeune prince fut remis au roi, et Cléry fut chargé de son service.

La grande tour, nouveau séjour des illustres captifs, servait anciennement au dépôt des archives de l'ordre de Malte ; elle était composée d'un rez-de-chaussée et de quatre étages voûtés, dont chacun formait une pièce d'environ trente pieds en carré. Chaque étage fut divisé en quatre par des cloisons de planches revêtues de papiers peints ; le rez-de-chaussée fut destiné au conseil municipal en permanence auprès des prisonniers. Le premier étage servit de corps-de-garde ; le roi habita le second avec le dauphin ; le troisième fut habité par les trois princesses ; le quatrième ne fut pas occupé. Cette tour était flanquée de quatre tourelles, dont trois formaient des cabinets de décharge à chaque étage, et dans la quatrième était pratiqué l'escalier commun à tous les étages. Cet escalier fut coupé par sept guichets très-étroits, à la suite desquels se trouvaient deux portes, l'une ferrée et l'autre de fer. Les fenêtres des chambres, garnies d'énormes barreaux de fer, n'admettaient qu'un jour oblique par des conducteurs appelés soufflets.

Toute la famille royale, peu de temps après sa translation dans la grande tour, fut attaquée d'une maladie inflammatoire attribuée par les médecins à l'insalubrité des appartements nouvellement peints et recrépis. Le roi, qui les avait habités le premier, tomba malade le premier ; et ce ne fut qu'avec beaucoup de peine, et après trois jours de délibération de ses geôliers municipaux, qu'il obtint de voir un médecin. L'épidémie ayant aussi attaqué le valet de chambre, le roi, qui alors était guéri, se fût volontiers dévoué aux soins que réclamait l'état de ce fidèle serviteur ; mais ses gardiens ombrageux n'eussent pas souffert qu'il passât de sa chambre dans celle du malade. Un jour qu'il était moins épié que de coutume, il s'y introduisit, donna un verre de tisane à Cléry, et lui dit du ton le plus paternel : « Je voudrais bien vous donner mes soins ; mais vous savez que nous sommes observés. Prenez courage, j'espère que demain vous verrez mon médecin. »

Ce que ce bon prince regrettait de ne pouvoir faire par lui-même, il le faisait faire par le dauphin, qui n'avait été que légèrement incommodé. Et c'était avec un zèle et une intelligence au-dessus de son âge que cet enfant secondait la bienveillance et les désirs de son père. Madame Elisabeth, lorsque Cléry tomba malade, l'était encore elle-même, mais moins sérieusement. Comme on lui fournissait exactement les remèdes prescrits par le médecin et qu'on négligeait le valet de chambre, elle se privait habituellement d'une partie des soulagements utiles à son état, en faveur du malade à qui elle les jugeait nécessaires. Un jour qu'on lui avait apporté un looch, sur ce qu'elle apprit que Cléry avait la poitrine oppressée, elle se priva de ce remède; et profitant d'un moment où toute la famille traversait la chambre du malade, elle le lui remit, sans se laisser apercevoir des surveillants, gens tellement enclins aux soupçons bizarres qu'ils auraient pu voir un crime dans ce trait de charité.

Il y avait près de trois mois que Louis XVI et sa famille gémissaient sous la tyrannie de la commune formée le 10 août, lorsque d'autres surveillants, plus incommodes et plus révoltants encore que les premiers, s'annoncèrent au Temple sous la dénomination de *municipalité provisoire*. Le premier arrêté qu'ils prirent au sujet de leurs captifs, fut pour leur interdire l'usage *de toute espèce d'instruments tranchants*. Lorsqu'ils vinrent signifier au roi cette disposition, « Est-ce donc, messieurs, leur répondit-il, que vous me croiriez assez lâche pour attenter à ma vie? » C'était là, en effet, ce que craignaient ceux qui appréciaient la force d'âme de Louis XVI par la bassesse de la leur.

Depuis l'apparition de la nouvelle municipalité au Temple, les comestibles et les boissons des prisonniers furent soumis à des épreuves et à des dégustations absurdement tyranniques. On obligea un jour Cléry à boire de l'essence de savon dont le roi faisait usage. Dans une autre circonstance, un municipal fit briser et réduire en petits morceaux toute une pièce de pâtisserie, croyant y découvrir quelque papier ou quelque billet. Un autre fit décoller les cases d'un damier pour y chercher aussi quelque correspondance secrète. Personne n'eut plus accès dans la tour qu'il n'eût été auparavant rigoureusement fouillé. On réduisit les princesses à ne pouvoir couper leurs ongles, faute de ciseaux, et Louis XVI, à laisser croître sa barbe, faute de rasoir.

Le jour que les commissaires se présentèrent devant ce prince pour l'exécution de l'arrêté concernant les instruments tranchants, à leur sommation d'exhiber ce qu'il avait dans ses poches et dans sa chambre en contravention à cet arrêté, il répondit par un geste de pitié et donna sans réserve tout ce qu'on lui demandait. Cela ne les empêcha pas de se mettre à fouiller tous les coins des commodes et des armoires, s'appropriant sans scrupule divers petits objets auxquels il leur plaisait d'attribuer la qualité d'être tranchants.

Les mêmes recherches se firent avec la même sévérité, et plus d'indécence encore chez les princesses. On exigea qu'elles retournassent leurs poches ; on leur enleva jusqu'aux petits instruments les plus nécessaires pour le travail des mains et les réparations de leurs vêtements. Il y eut ce jour-là contestation entre les commissaires pour savoir si, pendant les repas, les prisonniers auraient encore l'usage du couteau et de la fourchette ; et ce ne fut qu'après qu'on leur eut fait essayer de couper leur viande avec la cuiller, qu'il fut réglé qu'on leur rendrait le couteau pour s'en servir sous les yeux des surveillants. Un jour que madame Elisabeth s'occupait à rapiécer un des vêtements du roi, et que, n'ayant ni ciseaux ni couteau, elle déchirait une pièce d'étoffe et coupait son fil avec ses dents, cette situation de sa sœur et toutes ces rigueurs d'une captivité à laquelle elle n'était réduite que par attachement à sa personne, parurent affecter sensiblement Louis XVI. Il lui dit plusieurs choses touchantes, et lui rappela des moments heureux où elle devait être loin de prévoir la position pénible où elle se trouvait. « Oh ! mon frère, lui répondit la princesse, pourrais-je avoir des regrets quand mon sort est uni au vôtre ? »

Après que les municipaux eurent épuisé tous les autres genres de rigueur envers leurs prisonniers, ils en vinrent à la séparation absolue, que leurs prédécesseurs avaient seulement tentée. Cette séparation, longtemps en projet, ne fut mise en exécution qu'au moment où se commença le procès du roi, c'est-à-dire le 11 décembre ; mais ce fut, sans contredit, le coup le plus sensible qui eût encore été porté au chef et aux membres de la malheureuse famille, et la désolation eût été désespérante dans des cœurs où la religion n'eût point parlé plus haut encore que la nature. Louis XVI, depuis ce cruel moment, ne voulut plus quitter son cabinet, où ses entretiens avec le Ciel, déjà fréquents, devinrent presque continuels. La première fois, depuis cet événement, que ses gardiens lui proposèrent de descendre au jardin, il demanda s'il y serait réuni avec sa famille ? Et, sur leur réponse négative, « Cela étant; reprit-il, je ne descendrai pas. Le seul agrément de ma promenade était de la faire avec ceux qui me sont chers.»

Cependant, comme on les avait déjà menacés de cette cruelle séparation, on avait concerté, en cas qu'elle s'effectuât, quelques expédients dont on se sut alors bon gré ; on les employa avec succès pour tromper d'impitoyables argus, et se parler au moins par la pensée. Madame Elisabeth enveloppait de fil un billet pour le roi ; un domestique (ce fidèle serviteur s'appelait Turgi), attaché à la cuisine et au service des princesses, déposait le peloton dans un endroit convenu avec Cléry, qui était resté auprès du roi ; et Cléry rapportait au même endroit la réponse du roi cachée sous le même peloton. Quant aux nouvelles sur la santé et la manière d'être du roi, que sa famille était bien aise d'avoir tous les jours, Cléry les lui faisait parvenir. Chargé du linge du dauphin, il faisait remettre chaque jour un mouchoir au jeune prince; et les différentes manières dont ce mouchoir était plié exprimaient différentes idées convenues.

On trouva aussi un moyen de faire connaître au roi les opérations de l'assemblée qui pouvaient l'intéresser, et que la nouvelle municipalité affectait de lui cacher. La femme de Cléry payait un colporteur des décrets rendus à la convention, pour aller régulièrement en crier le précis au pied de la tour du Temple. Louis XVI continuait aussi d'exiger de son valet de chambre qu'il ne lui laissât rien ignorer de ce qu'il pourrait découvrir des complots de ses ennemis contre sa personne. «Tâchez, lui disait-il un jour, de découvrir ce qu'ils me destinent; ne craignez pas de m'affliger en me l'apprenant : je m'attends à la mort. » Sa famille, depuis quelque temps, partageait aussi cette cruelle attente, et Madame Elisabeth, avant même cette dernière séparation, disait un jour à Cléry, les yeux baignés de larmes : « La reine et moi ne nous faisons pas plus illusion que le roi sur le sort qu'on lui prépare. Hélas! oui, il mourra victime de son amour excessif pour ce peuple aveuglé dont le bonheur l'occupa uniquement depuis son avénement au trône, mais sa religion le soutiendra dans cette affreuse extrémité. »

De jour en jour plus oppresseurs, les lâches gardiens de la famille royale en étaient venus jusqu'à lui disputer sa subsistance et dénoncer ses dépenses de bouche. Les municipaux Hébert et Jacques Roux en demandaient surtout la réforme dans les termes les plus atroces : « Je propose, dit ce dernier, au conseil municipal, de mettre Louis à la diète, c'est-à-dire au pain et à l'eau jusqu'à ce

qu'on lui coupe la tête. » Cependant un des collègues de
ces dénonciateurs, qui ne partageait point la bassesse de
leurs sentiments, se sentit indigné en entendant imputer
de boire trop de vin aux prisonniers, qui ne buvaient que
de l'eau pure, à l'exception du roi qui rougissait seulement
la sienne. Dans un rapport qu'il fit à la commune, il
indiqua la vraie source des dépenses de table qui se faisaient au Temple ; il en résulta qu'elles ne devaient être
attribuées qu'à la voracité de ceux mêmes qui avaient l'impudence d'en faire la dénonciation. Ce fut le nommé
Toulan, qui fit, à la charge de ses collègues, ce rapport
à la commune. On y lisait : « La table du Temple semble
être communale. Nombre de citoyens, sans autre prétexte
que d'avoir été commissaires, s'y présentent et s'y font
servir à manger ; de manière qu'un soir, que nous ne
devions être que huit, nous étions dix-neuf. Pour remé-
dier à cet abus, on avait nommé une commission ; mais
cette commission n'allait au Temple que *pour manger*. Le
conseil en nomma une seconde, qui, à l'exemple de la première, n'allait aussi au Temple que pour manger... Nous
finirons par nous envoyer tous au Temple *pour manger.*»

Dans l'abandon universel où se trouvait la famille
royale, et lorsque depuis longtemps ses regards ne rencon-
traient plus que des visages ennemis, on devine aisément
l'impression que devait faire sur elle la simple apparition d'un
sujet encore fidèle ; et ce doux spectacle lui fut quelquefois
donné lorsqu'elle n'occupait pas encore la grande tour. Un
factionnaire proprement vêtu, quoiqu'en habits de paysan,
montait la garde dans l'intérieur de la prison. Ce soldat,
voyant un homme sortir de la chambre du roi, le prit pour
le roi lui-même, et, le fixant d'un air fort ému, lui présenta les armes. C'était Cléry qui, s'apercevant de l'erreur

de ce factionnaire, lui demanda s'il connaissait le roi ?
« Je ne l'ai jamais vu, répond l'honnête paysan, et je désirerais bien le voir, surtout ailleurs qu'ici. — Je vais rentrer,
lui dit Cléry ; je laisserai la porte entr'ouverte : celui que
vous verrez assis à la croisée un livre à la main, est le
roi. » Cléry ayant informé la reine de ce qui venait de se
passer, elle en parla au roi ; et Louis XVI, ravi de pouvoir se montrer à un cœur encore français, sortit de sa
chambre, et passa dans celle où étaient ses enfants. Cléry
ayant reparu un instant après, ce brave homme, le cœur
gonflé de soupirs, lui dit : « Ah ! monsieur, que nous avons
un bon roi ! comme il aime ses enfants ! comme il en est
aimé ! » Puis, en se frappant la poitrine : « Non, non, je ne
croirai jamais qu'il ait fait tout le mal qu'on nous débite. »

Une autre fois, et c'était vers l'époque de la translation
de Louis XVI dans la grande tour, ce prince démêla encore
un homme parmi les êtres impitoyables acharnés à le
tourmenter ; et cet homme était un maçon, requis pour
sceller les portes de sa prison. Pendant que l'ouvrier dé-
jeunait, le dauphin, qui l'avait vu travailler, s'amusait à
essayer ses outils, et, comme il les tenait gauchement, le
roi s'approcha, et lui dit : « Vous n'y entendez rien, mon
fils ; » puis, prenant le ciseau et le marteau, il lui montra
la manière de s'en servir, en continuant le travail du
maçon, qui avait commencé à creuser dans la pierre les
trous destinés à recevoir les énormes verrous d'une porte
de fer. L'ouvrier, dans l'admiration de ce calme profond
du juste, qui se jouait ainsi avec les chaînes qu'on lui for-
geait, ne put retenir ses larmes, et dit au roi en les
essuyant : « Sire, vous sortirez un jour de cette prison ;
et quand vous en serez sorti, vous pourrez dire que vous
y avez vous-même travaillé ! — Ah ! mon ami, répondit

Louis XVI, quand et comment en sortirai-je? » Paroles qui ne donnaient que trop à entendre la pensée toujours présente à l'esprit du monarque, que le terme de sa captivité serait l'échafaud.

Ce fut le 11 décembre 1792 que Louis XVI, sans qu'aucun avis l'y eût préparé, fut tiré de sa prison pour être conduit devant l'assemblée conventionnelle. Dès cinq heures du matin, on avait battu la générale dans tous les quartiers de Paris, et la cour du Temple s'était successivement remplie de troupes et d'artillerie. Le roi questionna en vain les municipaux de garde, sur ce qui se préparait autour de lui ; ils gardèrent un silence obstiné. A neuf heures, le prince se rendit chez la reine avec le dauphin, pour le déjeuner, mais il ne prit rien. Quoique obsédé par ses gardiens, il s'entretint de ce qui se passait avec sa famille, mais sans pouvoir s'épancher comme il l'eût voulu, sur ce que leur présageait l'appareil hostile qui frappait leurs oreilles.

Le roi étant rentré dans son appartement, le dauphin le pressa avec tant d'instances de jouer une partie de siam, qu'il y consentit. L'enfant perdit ; et comme, plusieurs fois de suite, il n'avait pu passer le nombre de seize, « Toutes les fois, dit-il, que j'ai ce point de seize, il faut que je perde. » Louis XVI, sans être superstitieux, releva la réflexion de son fils, et dit : « Il est vrai que ce nombre ne vous est pas favorable. »

Après que le dauphin eut pris sa récréation, son père, suivant l'ordre établi, se mit à lui donner sa leçon, et il en était occupé lorsque deux officiers municipaux vinrent lui enlever cet enfant, sans lui en donner d'autre raison que l'ordre du nouveau maire Chambon, qui allait arriver. Ce ne fut néanmoins qu'après l'avoir attendu deux heures entières que Louis XVI vit paraître ce maire. Arrivé enfin devant le monarque. Chambon commence par se déclarer porteur d'un décret rendu par la convention, et se met à lire : « Louis Capet sera conduit à la barre de l'assemblée nationale, pour y répondre aux questions qui lui seront faites, seulement par le président. »

Le roi, sans paraître ému, et se possédant beaucoup mieux que le maire, qui tremblait, lui répondit : « Vous saurez, monsieur, que Capet n'est point mon nom ; c'est le surnom d'un de mes ancêtres. Il y a deux heures que vous m'êtes annoncé ; j'aurais désiré qu'on me laissât mon fils pendant ces deux heures que j'ai passées à vous attendre ; ceci, au reste, fait suite aux traitements que j'éprouve depuis quatre mois. » Ici Louis XVI parut tenir conseil un instant avec lui-même ; puis, d'un ton décidé, il ajouta : « Oui, monsieur, je vais vous suivre, *non pour obéir à la convention*, mais parce que mes ennemis ont la force en main. » Il partit aussitôt. Au bas de l'escalier, et avant de monter dans la voiture du maire, il leva les yeux vers la fenêtre de la prison, où il laissait sa famille en proie à la désolation, et incertaine si jamais elle le reverrait.

C'était en effet le projet des factieux, c'était l'espoir des républicains altérés du sang du monarque, qu'il serait interrogé, jugé et condamné sans désemparer, et que le lendemain il serait conduit de leur tribunal à l'échafaud. Dans cette vue, ils avaient fait dresser un lit dans une pièce qui communiquait à la salle de leurs séances ; il ne fallait rien moins que l'attitude imposante de leur prisonnier pour déconcerter ces mesures.

Dans le trajet de sa prison à l'assemblée, le roi, sans laisser apercevoir la plus légère inquiétude, ne parut occupé que du spectacle qui s'offrait à ses yeux. C'était une armée formidable qui précédait, environnait et suivait sa voiture. On eût dit que tout Paris, sous les armes, avait encore peur de son roi désarmé. Un morne silence régnait partout, Louis XVI le rompit avec ses conducteurs en face de l'arc de triomphe de la porte Saint-Denis, pour leur demander s'il en serait de ce chef-d'œuvre de l'art comme de tant d'autres qui étaient déjà tombés sous la faux révolutionnaire ?

Il était deux heures, lorsque Santerre annonça à la convention que, conformément à son décret, il amenait Louis, qui était à la porte. Le prince entra, promenant autour de lui des regards qui n'annonçaient ni crainte ni dédain, et alla se placer sur un fauteuil qui lui avait été préparé. Son extérieur négligé, sa barbe longue, ses cheveux en désordre, tout annonçait que rien ne l'avait préparé à la scène du jour. Le même silence qui l'avait accompagné sur la route, s'établit dans l'assemblée. L'ensemble du spectacle pénétrait les esprits d'une secrète horreur et semblait commander aux uns le remords, aux autres l'inquiétude.

Après que le roi se fût assis, le président lui rappela le décret en vertu duquel l'assemblée le traduisait à sa barre, et celui par lequel elle s'était déclarée compétente pour le juger. A l'instant, un des secrétaires de l'assemblée, d'une voix rauque et tremblante, fit lecture de l'acte énonciatif de tous les chefs d'accusation, et aussitôt, sans qu'il eût été présenté copie de cet acte à l'accusé, sans qu'on lui eût laissé un moment pour reconnaître et classer dans son esprit un amas confus d'imputations sur des faits disparates et surannés, souvent exprimés en termes obscurs ou ambigus, le président de la convention, Barrère-de-Vieusac, reprit cet énoncé, en cumulant quelquefois deux ou trois chefs d'accusation, et ajoutant à la fin l'interpellation :

Qu'avez-vous à répondre ? Louis XVI écoutait avec calme et attention ; et voici un abrégé littéral des réponses qu'il fit aux questions du président.

LE PRÉSIDENT. Louis, le peuple français vous accuse d'avoir commis une multitude de crimes pour établir votre tyrannie. — D'avoir, le 20 juin 1789, attenté à la souveraineté du peuple, en suspendant les assemblées de ses représentants. — La preuve en est dans le procès-verbal dressé au jeu de paume de Versailles. Qu'avez-vous à répondre ?

LE ROI. Il n'existait alors aucune loi sur cet objet.

LE PRÉSIDENT. D'avoir, le 23 juin, environné de troupes les représentants de la nation, auxquels vous avez présenté deux déclarations royales éversives de toute liberté. Vos déclarations et les procès-verbaux de l'assemblée constatent ces attentats. Qu'avez-vous à répondre ?

LE ROI. Même réponse que la précédente.

LE PRÉSIDENT. D'avoir fait marcher une armée contre les citoyens de Paris. Vos satellites ont fait couler leur sang. — Les massacres des Tuileries déposent contre vous.

LE ROI. J'étais le maître de faire marcher les troupes comme je le voulais ; jamais mon intention n'a été de faire répandre du sang.

LE PRÉSIDENT. D'avoir, après les événements, et malgré les promesses que vous aviez faites le 15 juillet dans l'assemblée constituante, et le 17 dans l'hôtel de ville de Paris, persisté dans vos projets contre la liberté nationale, éludé de faire exécuter les décrets du 11 août, concernant l'abolition de la servitude personnelle, du régime féodal et de la dîme ; d'avoir longtemps refusé de reconnaître la déclaration des droits de l'homme ; permis que, dans des orgies faites sous vos yeux , la cocarde nationale fût foulée aux pieds de la nation blasphémée.

LE ROI. J'ai fait les observations que j'ai cru nécessaires de faire sur les décrets qui m'ont été présentés. Pour le fait de la cocarde, il est faux ; jamais cela ne s'est passé devant moi.

LE PRÉSIDENT. D'avoir essayé de corrompre l'esprit public, à l'aide de Talon qui agissait dans Paris, et de Mirabeau, qui devait imprimer un mouvement contre-révolutionnaire aux provinces. — Ces faits résultent d'un mémoire de Talon, que vous avez apostillé de votre main , et d'une lettre que Laporte vous écrivait le 19 avril.

LE ROI. Je ne me rappelle point précisément ce qui s'est passé dans ce temps-là ; mais le tout est antérieur à l'acceptation de la constitution.

LE PRÉSIDENT. D'avoir été au faubourg Saint-Antoine, où vous avez distribué de l'argent à de pauvres ouvriers, et leur avez dit que vous ne pouviez pas mieux faire. Qu'avez-vous à répondre ?

LE ROI. Je n'avais pas de plus grand plaisir que de pouvoir donner à ceux qui avaient besoin.

LE PRÉSIDENT. D'avoir feint une indisposition, pour pressentir l'opinion publique sur votre retraite à Saint-Cloud ou à Rambouillet. Qu'avez-vous à répondre ?

LE ROI. Cette accusation est absurde.

LE PRÉSIDENT. D'avoir, dès longtemps, médité un projet de fuite.... Vous voulûtes, le 18 avril, quitter Paris pour vous rendre à Saint-Cloud. — Le 21 juin, vous preniez la fuite avec un faux passe-port. Vous ordonniez aux ministres de ne signer aucun des actes émanés de l'assemblée nationale, et vous défendiez à celui de la justice de remettre les sceaux de l'Etat. — Ces faits sont prouvés par

le mémoire du 23 février, apostillé de votre main, par
votre déclaration du 20 juin, tout entière de votre écriture,
par votre lettre du 4 septembre 1790 à Bouillé, et par une
note de celui-ci.

LE ROI. Je n'ai aucune connaissance du mémoire du
23 février. Quant à ce qui concerne le voyage que j'ai fait
à Varennes, je m'en rapporte aux réponses que j'ai faites
à l'assemblée constituante dans ce temps-là.

LE PRÉSIDENT. D'avoir conspiré encore après l'arrestation
de Varennes. Le 17 juillet, le sang des citoyens fut versé
au Champ-de-Mars. Une lettre de votre main, écrite en 1789,
prouve qu'il existait une coalition criminelle entre vous et
Lafayette, à laquelle Mirabeau avait accédé. La révision commença sous ces cruels auspices ; tous les genres de corruption
furent employés ; les registres de Septeuil indiquent quelles
sommes énormes furent employées à ces manœuvres liber-
ticides.

LE ROI. Ce qui s'est passé le 17 juillet ne peut en aucune manière me regarder ; pour le reste, je n'en ai nulle
connaissance.

LE PRÉSIDENT.   De vous être tû sur la convention faite
à Pilnitz jusqu'au moment où elle a été connue de l'Europe
entière.

LE ROI.   Je l'ai fait connaître sitôt qu'elle est venue à
ma connaissance. Au reste, c'est une affaire qui, par la
constitution, regardait les ministres.

LE PRÉSIDENT.   De n'avoir fait exécuter qu'après un
mois le décret par lequel Avignon et le Comtat venaissin
avaient été réunis à la France.

LE ROI.   Ce fait-là ne peut pas me regarder personnellement. J'ignore quel délai on a mis dans l'envoi ; ce
sont ceux qui en étaient chargés que cela regarde.

LE PRÉSIDENT. De n'avoir rien fait, après que Nîmes, Montauban, Mende, Jalès avaient éprouvé de grandes agitations, pour étouffer ce germe de contre-révolution, jusqu'à ce que la conspiration de Dusaillant a éclaté.

LE ROI. J'ai donné sur cela tous les ordres que les ministres m'ont proposés.

LE PRÉSIDENT. D'avoir envoyé vingt-deux bataillons contre les Marseillais, qui marchaient pour réduire les contre-révolutionnaires arlésiens.

LE ROI. Il faudrait que je visse les pièces pour pouvoir répondre juste sur cela.

LE PRÉSIDENT. D'avoir négligé de pourvoir à la sûreté de l'Etat : l'armée de ligne, qui devait être portée au pied de guerre, n'était forte que de cent mille hommes à la fin de décembre.

LE ROI. J'ai donné aux ministres tous les ordres qui pouvaient accélérer l'augmentation de l'armée. Depuis le mois de décembre dernier, les états ont été remis à l'assemblée. Si les ministres se sont trompés, ce n'est pas ma faute.

LE PRÉSIDENT. D'avoir donné mission aux commandants des troupes de désorganiser l'armée, de pousser les régiments entiers au delà du Rhin, pour les mettre à la disposition de vos frères et de Léopold d'Autriche.

LE ROI. Il n'y a pas un mot de vrai dans cette accusation.

LE PRÉSIDENT. D'avoir chargé vos agents diplomatiques de favoriser la coalition des puissances étrangères. — Une lettre de Choiseul-Gouffier, ci-devant ambassadeur à Constantinople, établit ce fait. Qu'avez-vous à répondre ?

LE ROI. M. de Choiseul n'a pas dit la vérité ; cela n'a jamais existé.

LE PRÉSIDENT. D'avoir dégarni les places de Longwi et de Verdun.

LE ROI. Ce n'est pas moi qui ai dégarni ces places ; je n'ai aucune connaissance si elles ont été dégarnies ; je ne l'aurais jamais fait.

LE PRÉSIDENT. D'avoir détruit notre marine ; et lorsque le corps législatif vous exposa, le 8 mars, la conduite coupable de Bertrand, vous répondîtes que vous étiez satisfait de ses services.

LE ROI. L'assemblée ne parlait d'aucun grief contre Bertrand, qui eût dù le mettre en accusation ; je n'ai pas jugé que je dusse le changer.

LE PRÉSIDENT. D'avoir, par vos agents, fomenté le trouble et la contre-révolution dans les colonies.

LE ROI. Si des personnes se sont dites mes agents dans les colonies, elles n'ont pas dit vrai ; je n'ai jamais rien ordonné de ce que vous venez de me dire.

LE PRÉSIDENT. De vous être déclaré le protecteur de fanatiques, en manifestant l'intention évidente de recouvrer par eux votre ancienne puissance.

LE ROI. Je ne puis répondre à cela ; je n'ai aucune connaissance de ce projet-là.

LE PRÉSIDENT. D'avoir suspendu l'exécution d'un décret rendu le 29 novembre contre les prêtres factieux.

LE ROI. La constitution me laissait la sanction libre des décrets.

LE PRÉSIDENT. D'avoir suspendu l'exécution d'un nouveau décret que rendit le corps législatif pour atteindre les prêtres perturbateurs. Qu'avez-vous à répondre ?

LE ROI. Même réponse que la précédente.

LE PRÉSIDENT. D'avoir retenu près de vous les gardes suisses ; la constitution vous le défendait.

LE ROI. J'ai suivi le décret qui avait été rendu sur cet objet.

LE PRÉSIDENT. D'avoir eu dans Paris des compagnies

chargées d'y opérer des mouvements utiles à vos projets de contre-révolution.

LE ROI. Je n'ai aucune connaissance des projets qu'on me prête ; jamais idée de contre-révolution ne m'est entrée dans la tête.

LE PRÉSIDENT. D'avoir laissé avilir la nation française en Allemagne, en Italie, en Espagne.

LE ROI. La correspondance diplomatique doit prouver le contraire.

LE PRÉSIDENT. Pourquoi avez-vous fait doubler la garde des Suisses dans les premiers jours du mois d'août ?

LE ROI. Toutes les autorités constituées l'ont su ; et parce que le château était menacé d'être attaqué ; j'étais une autorité constituée, je devais le défendre.

LE PRÉSIDENT. Vous avez fait couler le sang des Français ; qu'avez-vous à répondre ?

LE ROI. *D'un ton de voix très-élevé.* Non, monsieur, ce n'est pas moi.

LE PRÉSIDENT. Louis, avez-vous autre chose à ajouter ?

LE ROI. Je demande copie de l'acte d'accusation, avec la communication des pièces, et qu'il me soit accordé un conseil pour suivre mon affaire.

Durant cet interrogatoire, il avait régné un silence si profond dans l'assemblée, malgré l'affluence des curieux, qu'on n'a pas perdu une syllabe des réponses de l'accusé. Cet infortuné prince, ayant demandé communication des pièces sur lesquelles on fondait son accusation, le président les lui fit présenter sur-le-champ. On vit alors le secrétaire de la commission des vingt-et-un, Valazé, assis devant une table, remettre dédaigneusement au roi les pièces du procès par-dessus l'épaule, et les reprendre de la même manière sans se retourner une seule fois.

Le roi refusa de reconnaître le plus grand nombre des pièces qu'on fit successivement et rapidement passer sous ses yeux ; ce qui donna lieu à l'un de ses parents de s'écrier : *Eh ! mais il nie tout !* Réflexion d'autant plus révoltante, qu'elle réunissait la fausseté à la férocité. Louis XVI ne niait pas ; il refusait de reconnaître sans examen des pièces qu'on lui présentait comme ayant échappé au pillage de son palais, et qui pouvaient être supposées, munies de signatures contrefaites ou imitées.

Après que Valazé eut épuisé son portefeuille, le président dit au roi que la convention lui *permettait* de se retirer. Le prince, se levant, dit d'un ton ferme : « J'ai demandé un conseil. » Il fut à l'instant conduit dans une salle voisine. Là, pendant que ses juges, agités et furieux, se livraient aux débats les plus honteux, le monarque, calme et tranquille, mais épuisé de fatigue et de besoin, fut réduit à demander un morceau de pain, qui lui fut donné, et rien de plus. Le procès-verbal de la séance porte : « Il a accepté un petit morceau de pain, en observant qu'il était à jeun. »

Dès que l'assemblée eut décidé que Louis XVI ne serait pas jugé sans désemparer, l'ordre fut donné au général Santerre de le reconduire. Ce second voyage ne ressembla pas au premier. Des troupes de bandits, descendus des tribunes de l'assemblée, se mirent à la suite de la voiture du roi, et ne cessèrent, pendant tout le trajet, de demander à grands cris la *tête du tyran.*

Il était six heures et demie, lorsque Louis XVI rentra dans sa prison. Il vit alors son malheur cruellement aggravé. La commune avait arrêté qu'il ne reverrait plus la reine, ni sa sœur, ni ses enfants. De mortelles alarmes glacent le cœur de sa famille ; il ne lui est pas permis de venir les dissiper. « Mon fils, au moins! s'écrie-t-il avec l'accent d'un cœur désolé; ne m'est-il plus permis de voir mon fils! c'est une cruauté gratuite que de m'interdire la vue de cet enfant. » On ne lui répond rien. Louis s'assied; il lit pendant deux heures un ouvrage dont M. Cléry ne nous a pas fait connaître le titre. Mais au calme que le roi reprit et ne perdit plus, pendant six semaines d'un nouveau martyre, on peut juger que ce livre était l'Evangile ou l'*Imitation de Jésus-Christ*.

Le lendemain, des députés vinrent lui annoncer la permission qui lui était accordée par la convention, de se choisir un ou deux conseils. Le prince, dans cette occasion, fit preuve de son discernement ordinaire, en fixant son choix sur MM. Tronchet et Target. M. Tronchet entendit la voix d'un monarque infortuné. Target refusa. La convention, tout habituée qu'elle était aux atrocités, parut choquée de cette bassesse. Un membre cependant fit la motion que Louis eût à se contenter d'un seul conseil. Mais le président fit lecture d'une lettre relative à cet objet, qu'il avait trouvée sur le bureau, et dont voici le texte :

« Citoyen président, j'ignore si la convention donnera à Louis XVI un conseil pour le défendre, et si elle lui en laissera le choix; dans ce cas-là, je désire que Louis XVI sache que, s'il me désigne pour cette fonction, je suis prêt à m'y dévouer. Je ne vous demande pas de faire part à la convention de mon offre; car je suis bien éloigné de me croire un personnage assez important pour qu'elle s'occupe de moi. Mais j'ai été appelé deux fois au conseil de celui qui fut mon maître dans le temps que cette fonction était ambitionnée par tout le monde : je lui dois le même service, lorsque c'est une fonction que bien des gens trouvent dangereuse. Si je trouvais un moyen possible pour lui faire connaître mes dispositions, je ne prendrais pas la liberté de m'adresser à vous. J'ai pensé que , dans la place que vous occupez, vous auriez plus de moyens que personne pour lui faire passer cet avis. Je suis avec un respect, etc.

LAMOIGNON MALESHERBES.

La convention donna communication de cette lettre à Louis XVI, par des commissaires pris de son sein , qu'elle envoya exprès au Temple. Le roi accepta l'offre de M. Malesherbes. Déjà M. Tronchet avait pénétré dans la tour du Temple. Laissons maintenant parler M. de Malesherbes lui-même : « La première fois , dit-il , qu'à titre de défenseur de Louis , il me fut permis d'entrer dans la tour du Temple, le roi m'eut à peine aperçu que, sans me laisser le temps d'achever ma révérence, il vint à moi , et me serrant dans ses bras, « Ah! c'est vous, mon ami ! me dit-il les yeux baignés de larmes ; vous voyez où m'ont conduit l'excès de mon amour pour le peuple, et cette abnégation de moi-même , qui me fit consentir à l'éloignement des troupes destinées à défendre mon pouvoir et ma personne contre les entreprises d'une assemblée factieuse. Vous venez m'aider de vos conseils ; vous ne craignez pas d'exposer votre vie pour sauver la mienne : mais tout sera inutile.

— Non, sire, je n'expose pas ma vie, et même j'ose croire que celle de Votre Majesté ne court aucun danger ; sa cause est si juste, et les moyens de défense si victorieux.

— Non, ils me feront périr ; n'importe, ce sera gagner

ma cause que de laisser une mémoire sans tache. Occupons-nous de mes moyens de défense. »

MM. de Malesherbes et Tronchet, à l'aspect des pièces immenses qui formaient les titres d'accusation contre Louis, sentirent le besoin d'être assistés par un nouveau conseil. Déjà M. de Sèze, avocat célèbre de l'ancien barreau, avait fait offrir ses services au roi. La convention consentit à ce qu'il fût adjoint aux deux premiers défenseurs de l'auguste accusé. Ce fut la dernière faveur qu'il reçut de ses juges. Déjà la convention lui avait refusé toute application de la procédure criminelle, que l'assemblée constituante avait substituée à un code justement condamné comme trop rigoureux pour les accusés. Les formes qui protégeaient la défense d'un parricide étaient interdites à un roi, père du peuple. Il n'avait droit de récuser aucun de ses juges, pas même ceux qui se glorifiaient d'avoir conspiré contre lui et d'avoir eu l'intention de le poignarder; pas même son exécrable parent, instigateur des crimes du 5 octobre et de ceux du 10 août. Il ne pouvait produire aucun témoin à décharge, aucune pièce justificative. Les mêmes hommes allaient remplir à la fois contre lui les fonctions de dénonciateurs, d'accusateurs, de témoins, de jury d'accusation, de jury de jugement. Enfin, tandis qu'aucun des accusés ne pouvait être condamné, aux termes de la procédure nouvelle, que par les deux tiers des voix, Louis pouvait être condamné par la majorité d'une voix seulement. On eût en vain cherché, dans les plus horribles fastes des jugements par commission, une iniquité aussi complète, aussi absolue.

Cependant la commune redoublait à chaque instant de rigueur contre son prisonnier; elle lui avait refusé jus-

qu'aux moyens d'écrire sa défense. Il fallut un décret de
la convention pour lui restituer l'usage du papier et de
l'encre. Les illustres consolateurs qu'il avait obtenus
sous le nom de conseils, lorsqu'ils entraient au Temple,
étaient fouillés avec l'immodestie la plus révoltante. La
commune avait arrêté qu'ils seraient scrupuleusement vi-
sités, *fouillés jusqu'aux endroits les plus secrets*, et
qu'après s'être déshabillés, ils se revêtiraient de nouveaux habits sous la surveillance de ses commissaires ;
elle avait arrêté que ces mêmes conseils ne pourraient
parler à Louis qu'en présence de ses gardiens. Cette per-
quisition choqua plusieurs députés qui s'en plaignirent.
La convention cassa l'arrêté de la commune, et décréta
que Louis communiquerait librement avec ses conseils.
Mais cela n'empêcha pas cette commune de susciter, à
MM. de Malesherbes, Tronchet et de Sèze, les entraves
les plus humiliantes.

Dès sa seconde entrevue avec M. de Malesherbes,
Louis XVI lui témoigna un vif désir de voir un prêtre
catholique ; « Je regrette bien, lui dit-il, le bon P. Hébert qu'ils ont massacré : c'était un prêtre instruit. Mais
ma sœur m'en a fait connaître un autre, en qui je mettrais volontiers ma confiance. » Il lui nomma l'abbé
Edgewhort de Firmont, dont il lui donna l'adresse, le
laissant maître néanmoins du choix de tout autre prêtre
resté fidèle à sa foi, si celui qu'il indiquait était retenu
par quelque motif de crainte ou de répugnance. M. de
Malesherbes s'acquitta exactement de la commission, et
le roi témoigna la plus vive satisfaction lorsqu'il lui
rapporta qu'il avait trouvé l'abbé de Firmont disposé à
braver tous les dangers pour lui rendre le douloureux
office qu'il réclamait de son ministère. Depuis ce mo-

ment, deux objets occupèrent exclusivement ce prince, le soin de sa conscience et celui de son procès : il ne quittait ses conseils que pour s'entretenir avec Dieu. Mais ce n'était pas avec une égale confiance qu'il s'occupait de ces deux affaires : celle de son éternité le remplissait d'espoir et de consolation, l'autre ne lui offrait aucune lueur de succès.

« Je suis sûr de perdre mon procès, disait-il un jour à M. de Malesherbes ; mais occupons-nous-en, comme si je devais le gagner ; et je le gagnerai du moins au jugement de la postérité. »

Louis XVI, tout le temps que dura l'instruction de son procès, aima de lire les journaux qui rendaient compte des débats de l'assemblée. C'était M. de Malesherbes qui, à sa prière, les lui apportait régulièrement. Il y lisait sans émotion, mais non sans étonnement, les malicieuses imputations qui se renouvelaient sans cesse contre lui. « Je n'aurais jamais imaginé, s'écria-t-il un jour, que la méchanceté de l'homme pût aller jusqu'à cet excès. » Il était surtout frappé de voir que des hommes, qu'il avait comblés de grâces et de faveurs, se réunissaient à ses ennemis pour étouffer leur bienfaiteur. Il déplorait intérieurement le malheur de ces ingrats, mais jamais il n'exhala contre eux la moindre plainte. Un des commissaires de la commune témoigna son étonnement de ce qu'on mettait sous les yeux du roi des papiers remplis d'atroces invectives contre sa personne : « Eh quoi ! citoyen, dit ce municipal à M. de Malesherbes, pouvez-vous montrer à Capet des feuilles où il est si maltraité ?

— Personne au monde, reprit l'illustre magistrat,

n'a plus de courage que le roi; il lit toute ces indignités avec la plus complète indifférence. »

La commune tenait le roi dans un tel état d'indigence qu'il manquait des choses les plus nécessaires. Ce qui
affectait le plus le cœur de ce bon prince, c'est que la
détresse où il gémissait l'empêchait de faire aucune lar-
gesse à ses serviteurs. M. de Malesherbes s'aperçut de
la peine qu'il en éprouvait. Le lendemain, il lui présenta une bourse remplie d'or, en disant : « Sire, per-
mettez qu'une famille riche de vos bienfaits dépose à
vos pieds cette légère offrande. » Ce prêt fut accepté;
le roi, cependant, ne fit point usage de cette somme.
Il mit sur le rouleau une étiquette portant ces mots :
Pour être remis à M. de Malesherbes. Cette somme
devint la proie des commissaires de la commune.

Le spectacle des vertus de Louis XVI, loin d'adoucir ses féroces gardiens, ne faisait que les irriter. Dans
le cours du travail excessif auquel ce prince était obligé
de se livrer avec ses conseils, il lui survint une fluxion
extrêmement douloureuse; désirant s'en débarrasser
promptement, il fit demander un dentiste à la commune, qui passa, sur cette demande, à l'ordre du jour,
en applaudissant à la barbarie d'un de ses membres,
qui dit, en parlant de Louis XVI : *Qu'il ne boive plus
à la glace, il n'aura plus de fluxion sur les dents.*
Le municipal chargé de notifier au roi la décision de
la commune, y ajouta les outrages les plus grossiers.
Le roi lui ayant réitéré sa demande, en lui exprimant
la violence du mal qu'il endurait : « Bah! bah! lui répond le républicain furibond, il faut s'accoutumer à
tout; dans peu vos dents seront réparées. » Et il accom-
pagna ces paroles d'un geste qui indique l'instrument

du dernier supplice. Louis XVI le voit, il se tait et pardonne.

M. de Malesherbes tâchait cependant de persuader au roi et de se persuader à lui-même que la convention n'irait pas jusqu'au régicide. Le roi lui témoignait , sur ce point, une incrédulité malheureusement appuyée sur des considérations trop fortes et trop nombreuses. Un soir, les trois défenseurs, dans la chaleur de leur travail, s'applaudissaient de l'évidence des réponses qu'ils opposaient aux chefs d'accusation : « Eh! messieurs, dit le roi, c'est cette évidence même qui m'effraie ; elle existe déjà pour chacun des députés de la convention. Je suis même convaincu qu'aucun d'eux n'a une haine véritable contre moi , et cependant ils s'obstinent à me juger. Juger un roi, c'est le condamner. Nous prenons, je crois, une peine inutile ! mais que cette pensée ne vous décourage pas. Vous m'aidez à remplir le dernier devoir qui me reste sur la terre. »

Un soir où, dans un entretien particulier, M. de Malesherbes insistait sur les motifs qu'on avait d'espérer, et présentait au roi une déportation en pays étranger comme la chance la plus probable , « Je prie , ajouta-t-il, Votre Majesté de me dire quel pays elle préférerait habiter.

— La Suisse , répondit le roi ; ce que l'histoire rapporte du sort des rois fugitifs , me fait penser que c'est là que j'aurais le plus de sûreté.

— Mais, sire, reprit M. de Malesherbes, si, rendu à lui-même, le peuple français vous rappelait , Votre Majesté voudrait-elle revenir?

— Par goût, non ; par devoir, oui. Mais, dans ce cas, je mettrais à mon retour deux conditions : l'une, que la religion catholique, apostolique et romaine continuerait, sans néanmoins exclure les autres, d'être la religion de l'Etat; l'autre, que la banqueroute, si elle était inévitable, serait déclarée par le pouvoir usurpateur. C'est lui qui l'aurait rendue nécessaire, ce serait à lui d'en porter la honte. »

La reine occupait toujours la pensée de son époux, et lui, victime de son amour pour son peuple, ne pouvait concevoir l'injustice des Français envers une princesse qu'ils avaient longtemps idolâtrée. « Ah! que ne peuvent-ils savoir, disait-il, jusqu'à quel degré de perfection elle s'est élevée par nos infortunes! » Puis, il revenait sur les jours où la reine ne pouvait paraître sans exciter de vifs et d'unanimes transports, et son ami jugeait que le bonheur d'avoir vu la reine aimée et bénie avait été le plus grand plaisir qu'il eût goûté sur le trône. Il réfutait ardemment toutes les calomnies semées d'abord par des courtisans perfides et envenimées par d'atroces pamphlétaires. « On a été, disait-il, jusqu'à lui faire un crime de son attachement pour son frère. Il n'y a jamais eu dans mon royaume un cœur plus français que celui de la reine. Je vois trop où tendent les factieux par cet acharnement à décrier tant de vertus, tant de qualités charmantes. On veut préparer le peuple à voir périr la reine; sa mort est résolue. En lui laissant la vie, on craindrait qu'elle ne me vengeât. Infortunée princesse! mon mariage lui promit un trône, et l'échafaud se prépare pour elle. » En prononçant ces mots, le roi serrait la main de M. de Malesherbes et répandait des larmes.

Au milieu de ses barbares gardiens, Louis XVI eut quelquefois la satisfaction de rencontrer des cœurs que le crime n'avait point endurcis; il vit couler des larmes, il entendit des sanglots. Un jour, deux de ses fidèles serviteurs, Vincent et Toulan, tirent à part son valet de chambre, et lui témoignent qu'ils s'estimeraient heureux si leur bon roi les rendait possesseurs de la moindre bagatelle qui eût été à son usage. Cléry n'hésita pas à exposer leur désir à son maître ; et le monarque, souriant à leur vœu, détache sa cravate et dit à l'un d'eux : « Tenez, monsieur, c'est le présent du cœur. » Puis, tendant la main à l'autre : « Et vous, monsieur, vous hériterez de mes gants. »

Un autre jour, M. de Malesherbes, causant familièrement avec son auguste client, s'aperçut que ses idées prenaient une teinte de mélancolie qui ne lui était pas ordinaire ; il lui en demanda le sujet. « Je vous l'avouerai, lui répondit Louis XVI, il m'est pénible de ne pouvoir récompenser le zèle de vos deux collègues. J'avais songé à leur faire un legs ; mais le respecterait-on ? ne pourrait-il pas les compromettre ?

— Sire, reprit M. de Malesherbes, le legs est fait. En les choisissant pour défenseurs, Votre Majesté a immortalisé leur nom.

— Mais, dit le roi en insistant, donnez-moi un avis ; dites-moi ce que je puis faire dès ce moment pour leur témoigner personnellement ma reconnaissance ?

— Sire, répond M. de Malesherbes attendri, je crois qu'ils seront contents, si Votre Majesté veut leur dire qu'elle est reconnaissante des soins qu'ils ont pris pour elle. »

MM. de Sèze et Tronchet entrèrent sur ces entrefaites. Le roi s'avança à leur rencontre ; mais, comme accablé du sentiment qu'il éprouvait, la parole lui manqua pour l'exprimer. M. de Malesherbes s'en aperçoit ; il voit l'espèce d'embarras où se trouve le roi, et voulant le faire cesser, il lui dit : « Sire, voilà MM. de Sèze et Tronchet; Votre Majesté m'a dit qu'elle désirait leur témoigner sa reconnaissance.... » Louis alors se jette dans les bras de ses deux conseils, il les presse contre sa poitrine, des sanglots étouffent les paroles qu'il veut articuler, ses soupirs et ses larmes leur disent ce qui se passe dans son cœur. Le leur est saisi de la même émotion ; les larmes répondent aux larmes ; M. de Malesherbes, déchiré, se joint à ses collègues, et ces quatre amis demeurent ainsi quelques instants serrés entre les bras l'un de l'autre. Scène attendrissante qu'il est plus aisé de sentir que de décrire !

La sérénité de Louis XVI, si rarement troublée, malgré les horreurs de sa position, était un continuel sujet d'admiration pour ses défenseurs. « Croyez-moi, leur disait-il, la religion console mieux que la philosophie. » Mais les privations, les alarmes et les angoisses que souffraient sa femme, ses enfants, sa sœur, et tous les maux qu'il voyait prêts à fondre sur ces objets de ses plus chères affections, comment, même avec les secours de la religion, triompher de cette pensée douloureuse ! Il y cédait quelquefois. Le 19 décembre, il dit à son fidèle Cléry : « Il y a quatorze ans à pareil jour, vous avez été plus matinal qu'aujourd'hui. C'était le jour de la naissance de ma fille.... aujourd'hui son jour de naissance, et être privé de la voir !... »

Le travail de sa défense se préparait avec une activité prodigieuse. Plus de sommeil pour les défenseurs, et surtout pour M. de Sèze, chargé de rédiger un long plaidoyer en quatre nuits. L'aube du jour les retrouvait à la porte du Temple, et parmi eux il y avait deux vieillards ! « Vous vous exténuez, mes dignes amis, leur disait le roi, prenez donc un peu de repos. Le sacrifice de ma vie est fait. Conservez-vous pour une famille qui vous chérit. »

Le moment approchait où il devait paraître de nouveau à la barre de la convention, assisté de ses défenseurs. C'était le temps des fêtes de Noël, de ces fêtes touchantes par lesquelles l'Eglise célèbre dans une sainte allégresse la naissance du Sauveur. Le roi, disposé à une mort prochaine, n'avait que ses prières pour solenniser ce premier jour de la rédemption universelle. Mais il unissait ses vœux à ceux du monde chrétien, lorsque toute image du culte était écartée de sa prison, et qu'il n'en subsistait plus dans son royaume qu'un simulacre trompeur. Le premier vœu qu'il avait exprimé à M. de Malesherbes, c'était, ainsi que nous l'avons dit, de pouvoir être assisté dans sa prison par un prêtre fidèle, dont sa pieuse sœur lui avait indiqué l'adresse. Mais il ne pouvait obtenir cette faveur avant d'être condamné. Heureusement le roi trouvait dans les témoignages de sa conscience et dans sa profonde piété la plupart des saintes consolations qu'eût pu lui adresser un ministre de Jésus-Christ. Il acheva e sanctifier le jour de Noël en écrivant son testament, monument impérissable de sa foi, de son innocence, de ses vertus évangéliques et surtout de sa bonté.

Le même jour au soir, les défenseurs étaient réunis au Temple. M. de Sèze lut le plaidoyer qu'il devait prononcer le lendemain. Le roi laissa passer certaines choses qui n'étaient pas précisément dans ses principes, mais qui ne pouvaient pas nuire à sa cause dans le sens de ses juges. Il n'en fut pas de même de diverses observations dirigées à sa louange, et d'une péroraison si pathétique que MM. de Malesherbes et Tronchet ne purent l'entendre sans fondre en larmes ; il en exigea le sacrifice absolu : « Cela est beau, monsieur, dit le roi, et vous peignez bien votre cœur; mais effacez, je vous prie. » L'orateur demanda si ce que le roi trouvait beau, n'était pas en même temps vrai ? « Soit, répliqua Louis XVI; mais renfermons-nous dans la simplicité du vrai. C'est la justice, et non une grâce que je réclame. C'est assez pour moi de comparaître devant de tels juges et de leur démontrer ma complète innocence ! mais je ne veux pas les émouvoir. »

Le roi devait paraître le lendemain en public; la commune l'avait privé de ses rasoirs; sa barbe longue lui causait une cruelle importunité. « Obtenez de la commune, dit-il à Cléry, que des rasoirs me soient rendus, au moins pour un jour, afin que je ne paraisse pas ainsi en public.

— Ne vaut-il pas mieux, sire, reprit Cléry, que le public voie de quelle manière vous traite la commune ?

— Je ne dois pas, dit le roi, chercher à intéresser sur mon sort. »

La commune permit que le roi se rasât en présence de deux municipaux.

Le 26 décembre, jour fixé pour la défense du roi, on vient annoncer à Louis XVI qu'il va être conduit devant ses juges. Il se montre prêt à obéir avec résignation à ceux qui ont la force en mains. Une seule chose l'inquiète; ses conseils ne seront point admis dans sa voiture, et il voudrait savoir quelles mesures on a prises pour les faire arriver à la convention. On lui répond brutalement : « C'est leur affaire; la commune ne s'en mêle point. » Le roi monte en voiture sans proférer une seule parole, et sans pouvoir s'éclaircir sur ce qui le mettait en peine.

Les municipaux, qui n'avaient pas oublié la présence d'esprit qu'avait montrée Louis XVI à sa première comparution, l'attribuèrent au recueillement dans lequel ils l'avaient laissé pendant le trajet ; et ils s'appliquèrent ce jour-là à le distraire de toute attention à son affaire. Les mêmes hommes qui, le 11 décembre, avaient gardé un silence farouche, se mirent, le 26, à parler de sciences et d'auteurs anciens. Le roi, à qui ils affectaient de s'en rapporter, se mêla complaisamment de la conversation ; et ils s'aperçurent bientôt, malgré le ton de modestie du monarque, qu'ils n'étaient auprès de lui que de minces écoliers dans ce genre d'érudition. Mais ce qui mit le comble à leur étonnement, ce fut de ne pas surprendre la plus légère émotion, la moindre altération dans les traits de son visage, au milieu des imprécations et des cris de mort que des groupes de furieux, apostés de distance en distance, faisaient retentir aux portières de sa voiture. Ce calme, cette sérénité du juste était une énigme inexplicable pour des hommes étrangers aux habitudes de la vertu.

Arrivé à la convention, Louis XVI ne fut pas immédiatement admis à comparaître ; on le fit attendre pendant près d'une demi-heure dans une salle qui précédait la barre de l'assemblée. Il se promenait en adressant de temps en temps la parole à l'un de ses trois défenseurs. M. de Malesherbes, en lui répondant, se servait de ces mots : *Sire*, *Votre Majesté*. Le député Treilhard entendit ces mots, et saisi de fureur, il se plaça entre le roi et M. de Malesherbes :

« Qui vous rend si hardi, dit-il à ce dernier, de prononcer ici des mots que la convention a proscrits ?

— Mépris de la vie, » répondit l'intrépide magistrat.

Louis fut enfin introduit à la barre dans un profond silence. La parole fut accordée à M. de Sèze. Après un noble début et la discussion de l'inviolabilité du roi, l'orateur passa à l'iniquité des formes suivies. Promenant ses regards sur l'assemblée, il dit d'un ton ferme : « Citoyens, je vous parlerai ici avec la franchise d'un homme libre ; *je cherche parmi vous des juges ! et je n'y vois que des accusateurs.*

» Vous voulez prononcer sur le sort de Louis, et c'est vous-même qui l'accusez !

» Vous voulez prononcer sur le sort de Louis, et vous avez déjà émis votre vœu !

» Vous voulez prononcer sur le sort de Louis, et vos opinions parcourent l'Europe !

» Louis sera donc le seul Français pour lequel il n'existera aucune loi ni aucune forme !

» Il n'aura ni les droits de citoyen ni les prérogatives de roi !

» Il ne jouira ni de son ancienne condition ni de la nouvelle !

» Quelle étrange et inconcevable destinée !

» Mais je n'insiste pas sur ces réflexions, je les abandonne à votre conscience. Je ne veux pas défendre Louis seulement avec des principes ; je veux combattre les préventions qui se sont élevées sur ses intentions ou sur son caractère, je veux les détruire. »

Nous ne suivrons pas l'orateur dans les détails de cette défense, où l'on vit la logique la plus puissante, la raison la plus ferme et l'honneur le plus intact plaider devant des lâches et des furieux qui s'étaient arrogé le titre de juges.

M. de Sèze termina son éloquent discours avec toute la majesté de l'histoire.

« Louis était monté sur le trône à vingt ans, et à vingt ans il donna, sur le trône, l'exemple des mœurs ; il n'y

porta aucune passion corruptrice ; il y fut économe, juste,
sévère ; il se montra toujours l'ami constant du peuple.
Le peuple désirait la destruction d'un impôt désastreux
qui pesait sur lui : il le détruisit. Le peuple demandait
l'abolition de la servitude : il commença par l'abolir lui-
même dans ses domaines. Le peuple sollicitait des réformes dans la législation criminelle, pour l'adoucissement
du sort des accusés : il fit ces réformes. Le peuple voulait
que des milliers de Français, que la rigueur de nos usages
avait privés jusqu'alors des droits qui appartiennent aux
citoyens, acquissent ces droits ou les recouvrassent :
il les en fit jouir par ses lois. *Le peuple voulut
la liberté, il la lui donna ;* il vint même au-devant
de lui par ses sacrifices ; et cependant c'est au nom de ce
même peuple qu'on demande aujourd'hui.... Citoyens, je
n'achève pas.... je m'arrête devant l'histoire....; songez
qu'elle jugera votre jugement, et que le sien sera celui
des siècles. »

Le roi prit ensuite la parole en ces termes : « On vient
de vous exposer mes moyens de défense ; je ne les renou-
vellerai point. En vous parlant peut-être pour la dernière
fois, je vous déclare que ma conscience ne me reproche
rien, et que mes défenseurs ne vous ont dit que la vérité.

» Je n'ai jamais craint que ma conduite fût examinée
publiquement ; mais mon cœur est déchiré de trouver,
dans l'acte d'accusation, l'imputation d'avoir voulu faire
répandre le sang du peuple, et surtout que les malheurs
du 10 août me soient attribués.

» J'avoue que les preuves multipliées que j'avais don-
nées dans tous les temps de mon amour pour le peuple, et
la manière dont je m'étais toujours conduit, me paraissaient
devoir prouver que je craignais peu de m'exposer pour

épargner son sang, et éloigner à jamais de moi une pareille imputation. »

L'air pénétré dont Louis avait prononcé ces paroles, sa sérénité, l'éloquence de M. de Sèze, son émotion, ses larmes, celles de ses collègues, parurent un instant faire quelque impression sur une partie de l'assemblée; mais bientôt les anarchistes furieux se précipitent à la tribune pour faire décider que toute affaire cessante le jugement soit poursuivi.

Le roi cependant avait été conduit dans une des salles des Feuillants, en attendant qu'il fût ramené au Temple. Son premier mouvement fut de serrer M. de Sèze contre son cœur. « Ah ! voilà, lui dit-il, une éloquence bien vraie ! je suis tranquille. Je laisserai du moins une mémoire honorée. Les Français me regretteront. » M. de Sèze, après ce plaidoyer qui avait duré cinq heures consécutives, était trempé de sueur. Le roi, avec une ardente sollicitude, indique toutes les précautions qu'il doit prendre, ou plutôt il se charge de tous les soins. Les mains royales sont occupées à chauffer une chemise pour l'orateur fatigué.

Les forcenés de l'assemblée craignaient l'émotion produite par le discours de M. de Sèze et par l'aspect du monarque ; mais ils étaient jaloux de montrer que leur fureur restait tout entière. Leur premier cri, après le départ du roi, fut : *L'appel nominal* ! jugeons sans *désemparer*. M. Lanjuinais eut alors le courage de demander que la convention rapportât le décret par lequel elle s'était constituée juge du roi. Vingt députés osèrent à peine déclarer qu'ils partageaient ses sentiments. Tous les autres, ou ennemis déclarés de Louis, ou asservis à la politique tortueuse d'une faction perturbatrice, ou aveuglés par la peur d'attirer sur eux le ressentiment des meneurs de l'assemblée, ne répondirent que par des vociférations à cet appel généreux. Les plus modérés accusaient d'imprudence l'homme courageux qui leur montrait les seules voies du salut et de l'honneur.

La fin de décembre et le commencement de janvier furent employés à des discussions illusoires sur le procès du roi : l'enceinte de la convention ne retentit pendant tout ce temps que de déclamations furibondes et d'atroces imprécations contre le monarque.

Le 15 janvier, la convention ferma la discussion en posant une série de questions qu'elle avait fait rédiger pour la décision de cet important procès. Voici ces questions :

1° Louis Capet, ci-devant roi des Français, est-il coupable de conspiration contre la liberté, et d'attentat contre la sûreté générale de l'Etat ?

2° Quel que soit le jugement rendu contre Louis, sera-t-il soumis à la ratification du peuple réuni dans les assemblées primaires ?

3° Quelle peine infligera-t-on à Louis ?

Le même jour, 15 janvier 1793, la convention procéda à l'appel nominal sur les deux premières questions. Six cent quatre-vingt-trois voix déclarèrent le roi coupable de conspiration contre la liberté, et d'attentat à la sûreté générale de l'Etat. Deux cent quatre-vingt-trois voix seulement votèrent pour que le jugement fût soumis à la ratification du peuple : en conséquence, cette seconde question fut résolue négativement.

Quant à la troisième question, l'assemblée en ajourna la décision au lendemain. Mais la faction, qui avait juré la mort du roi, mit tout en mouvement dès la nuit même, pour intimider tous les députés qu'on pouvait soupçonner disposés à émettre un vote moins cruel.

Le moment arrivait enfin où l'on allait décider cette troisième question : *quelle peine devait être infligée à Louis ?* lorsque Lanjuinais demanda qu'aucune peine ne pût être prononcée que par les deux tiers des suffrages. Ce fut en vain qu'il appuya sa demande des motifs les plus sages et les plus puissants ; ce fut en vain qu'il se plaignit des menaces et des violences exercées sur les députés : la convention rejeta sa motion, en passant à l'ordre du jour, sous le prétexte que tous ses décrets devaient être indistinctement rendus à la majorité absolue seulement. Alors on passa au terrible appel nominal. Il était nuit : une lumière pâle et vacillante éclairait ce repaire d'assassins. Saisis de cette terreur secrète qui agite les criminels les plus aguerris lorsqu'ils sont au moment de commettre un grand forfait, les députés n'approchèrent qu'en frissonnant de la tribune pour y émettre leur vote ; plusieurs cependant y montèrent en furieux, et dans cette épouvantable séance on entendit les plus horribles paroles. Danton disait : » Il s'agit de donner une tragédie aux nations, et de faire tomber sous la hache des lois la tête du tyran. « Le député Legendre s'écria qu'il fallait couper le tyran en quatre-vingt-trois parties pour les envoyer aux départements. Raffron vota la mort dans les vingt-quatre heures, pour se hâter de purger la patrie de ce monstre odieux de Louis XVI. Barrère prononça la mort, ajoutant que l'arbre de liberté ne pouvait croître qu'arrosé du sang des tyrans. Tellier, député de Seine-et-Marne, déclare que le vœu presque unanime de son département est qu'il soit fait un canon du calibre de la tête de Louis XVI, et qu'elle soit envoyée à l'ennemi. Lequinio, en votant la mort du roi, regrette que ce qu'il appelle *l'imphilosophisme* actuel ne permette pas aux philosophes, juges de Louis XVI, de le faire expirer sur la rame des galères perpétuelles.

Enfin, après vingt-quatre heures, l'appel nominal étant terminé et la pluralité de cinq voix assurant aux régicides leur exécrable triomphe, le président (Vergniaud) annonça le résultat du scrutin en ces termes : « Citoyens, vous allez exercer un grand acte de justice ; j'espère que l'humanité vous engagera à garder le plus profond silence. Quand la justice a parlé, l'humanité doit avoir son tour.

» L'assemblée est composée de sept cent quarante-neuf membres ; quinze se sont trouvés absents par commission, sept par maladie, un sans cause, cinq non votants, en tout vingt-huit : le nombre restant est de sept cent vingt-un, la majorité absolue est de trois cent soixante-un.

» Deux ont voté pour les fers ; deux cent quatre-vingt-six pour la détention, le bannissement à la paix, ou pour le bannissement immédiat, ou pour la réclusion, et quelques-uns y ont ajouté la peine de mort conditionnelle, si le territoire était envahi ; quarante-six pour la mort avec sursis, soit après l'expulsion des Bourbons, soit à la ratification de la constitution.

» Trois cent soixante-un ont voté pour la mort ; vingt-six pour la mort, en demandant une discussion sur le point de savoir s'il conviendrait à l'intérêt public qu'elle fût ou non différée, et en déclarant leur vœu indépendant de cette demande.

» Ainsi, pour la mort sans condition, trois cent quatre-vingt sept ; pour la détention, les fers ou la mort conditionnelle, trois cent trente-quatre.

» Je déclare, au nom de la convention nationale, que

la peine qu'elle prononce contre Louis Capet est la mort. »

A ces derniers mots , les assassins de l'auguste victime et la foule sanguinaire des tribunes tombèrent dans une profonde stupeur; et nulle acclamation n'osa interrompre le plus long intervalle de silence qui ait jamais régné dans la convention. On eût dit qu'épuisée, après le plus grand des forfaits, elle avait besoin de reposer un instant sa férocité, et qu'elle avait elle-même horreur de son ouvrage.

Bientôt les défenseurs de Louis XVI se présentèrent à la barre, et M. de Sèze lut la protestation suivante du roi :

« Je dois à mon honneur, je dois à ma famille de ne point souscrire à un jugement qui m'inculpe d'un crime que je ne puis me reprocher. En conséquence , je déclare que j'interjette appel à la nation elle-même du jugement de ses représentants. Je donne, par ces présentes, pouvoir spécial à mes défenseurs, et charge expressément leur fidélité de faire connaître à la convention nationale cet appel par tous les moyens qui sont en leur pouvoir, et de demander qu'il en soit fait mention dans le procès-verbal des séances de la convention. »

M. de Sèze demanda ensuite, comme pétitionnaire , la révocation du décret qui faisait prononcer la peine de Louis par la majorité plus une voix. Le moindre sentiment de pudeur et d'humanité eût fait prononcer cette révocation, si l'assemblée eût été susceptible de quelque sentiment de cette nature, et surtout dans ce cas particulier où l'avis le plus rigoureux excédait de si peu la majorité nécessaire. M. Tronchet appuya vivement, et par des raisonnements lumineux, les observations de son collègue. M. de Malesherbes tenta de parler à son tour ; mais les larmes et les sanglots étouffaient sa voix. Enfin il parvient à prononcer ces mots : « Sur cette question : *Comment les voix doivent-elles être comptées ?* J'avais à vous présenter des observations importantes, et qu'autrefois, lorsque j'appartenais au comité de législation , j'avais rédigées dans l'intérêt général de l'humanité ; mon trouble ne me permet pas de les énoncer aujourd'hui : aurai-je le malheur de les perdre , et ne me permettrez-vous pas de les présenter d'ici à demain? »

Robespierre se lève pour répondre aux défenseurs du roi. Au ton dont il annonce à M. de Malesherbes qu'il veut bien lui pardonner les larmes versées sur le sort du roi, on sent bien qu'il a juré la perte du vertueux vieillard. Il fait rejeter l'appel du roi à la nation, et la demande particulière de M. de Malesherbes. Mais Guadet obtient qu'on délibérera de nouveau sur la question de savoir s'il y aura sursis au jugement porté. Le succès de cette motion pouvait offrir encore quelque espoir ; mais le sursis fut rejeté à la majorité de trois cent quatre-vingt-six voix contre trois cent dix.

Tandis qu'on procédait au premier appel nominal, le roi, dans un entretien avec M. de Malesherbes, s'aperçut que ce généreux ami, comme absorbé par sa douleur, n'avait presque plus la force de lui répondre. Pour le tirer de cet abattement, il lui demanda avec une douce gaieté : « N'avez-vous pas rencontré dans les environs du Temple la *Femme blanche ?*

— Comment , sire? lui répondit-il.

— Eh quoi! répliqua le roi en souriant, vous ne savez donc pas que, suivant le préjugé populaire, lorsqu'un prince de ma maison va mourir, une femme vêtue de blanc erre autour du palais ! » Ce badinage, loin d'égayer M. de Malesherbes, ne fit qu'aigrir la plaie de son cœur : il éclate en sanglots et ses larmes coulent en abondance.

Le roi en est désolé : « Qu'ai-je donc fait ? s'écrie-t-il ; je voulais vous prouver que mon âme est en paix, et j'ajoute encore à votre affliction ! »

Les féroces républicains cependant, avant de frapper le dernier coup, se reprochaient de n'avoir pas épuisé sur leur victime tous les raffinements de la barbarie. Jusqu'alors Louis XVI avait été obsédé par deux gardiens. Maintenant on lui apprend que désormais quatre municipaux, pendant le jour, seront en station à ses côtés, et deux à son chevet durant la nuit.

On venait d'annoncer au roi cette nouvelle mesure, lorsqu'il put imaginer qu'on voulait l'étouffer dans les flammes. On cria au feu dans la tour, et à l'instant un tumulte effroyable se fit entendre dans les cours du Temple et au dehors. Il s'informe où est ce feu? on se tait. Il demande si ce ne serait pas chez la reine? même silence ; et ses gardiens jouissent de sa cruelle incertitude, jusqu'à ce que Cléry découvre que le feu n'est que dans une cheminée. Le peuple était accouru en foule des quartiers environnants; et le bruit se répandit dans Paris qu'il délivrait la famille royale; mais tout le zèle que montra le peuple en cette occasion fut pour sauver, non pas les prisonniers, mais leur prison.

M. de Malesherbes, qui n'avait pu, devant la convention, commander à sa douleur ni à l'horreur dont il était pénétré, ranima ses forces pour remplir auprès de son auguste ami le plus douloureux message. Il se présenta à la tour du Temple le 17 janvier, à neuf heures du matin. Le roi l'attendait, plongé depuis quelques heures dans une profonde rêverie et les mains posées sur son front. Au premier bruit qui lui annonça les pas de son ami, il se tourna vers lui, et, sans le presser de questions, sans

même examiner ses traits, et déjà tout occupé de consoler
celui qui vient lui apporter des consolations, il lui dit
avec une voix céleste : « Depuis deux heures, je cherche
en ma mémoire si, durant le cours de mon règne, j'ai
donné volontairement à mes sujets quelque juste motif de
plainte contre moi. Eh bien, je le jure en toute sincérité,
je ne mérite de la part des Français aucun reproche ;
jamais je n'ai voulu que leur bonheur. »

M. de Malesherbes annonce alors la fatale nouvelle, puis
il insiste sur l'espérance d'un sursis. Le roi, par un signe
de tête, témoigne qu'il ne reçoit pas cet espoir. Bientôt
les deux autres défenseurs arrivent. Le roi, par de tendres
remercîments, les paie de leurs soins. Il veut connaître
tous les affreux détails de sa condamnation. Il s'informe
des votes les plus importants. Aux noms de certains députés qui avaient voté pour la mort, il montre de l'étonnement ; quelques noms lui causent une douleur qui
s'exhale sans amertume. Au nom de son parent, il se sent
percé d'un glaive plus cruel pour lui que ne le sera
l'instrument de la mort. « M. d'Orléans !... répète-t-il
plusieurs fois ; quoi ! mon parent !... quoi ! un petit-fils
de Henri IV !... non, je n'aurais jamais cru qu'il pût
porter si loin sa haine... ou sa peur, » ajouta-t-il ; car il
tâchait déjà d'atténuer ce crime inouï. M. de Malesherbes
se hâta de lui parler de l'horreur générale qu'avait causée
ce vote exécrable. « Aussi espérons-nous encore que le
peuple indigné se soulèvera le jour fatal. Déjà quelques
fidèles sujets de Votre Majesté ont juré de périr ou de
l'arracher des mains des bourreaux.

— Connaissez-vous ces personnes ? dit le roi.

— Non, sire, mais je pourrais les retrouver.

— Eh bien, tâchez de les rejoindre, et déclarez-leur

que je les remercie du zèle qu'ils me témoignent. Toute tentative exposerait leurs jours et ne sauverait pas les miens. Quand l'usage de la force pouvait me conserver le trône et la vie, j'ai refusé de m'en servir ; voudrais-je aujourd'hui faire couler pour moi le sang français ? »

Dans un autre entretien avec ses défenseurs : « Mes amis, leur dit-il, je pars avant vous pour un monde qui est l'espoir des justes ; nous y serons réunis, et ce monde-ci même bénira vos vertus. »

Le roi fut, pendant deux jours, privé de voir ses conseils : l'entrée du Temple leur fut refusée toutes les fois qu'ils s'y présentèrent. Réduit à s'encourager lui-même, il remplit avec calme et fermeté ses occupations ordinaires : lire, écrire, prier. Dans la soirée du 17, son fidèle serviteur Cléry lui ayant parlé d'un bruit qui circulait qu'une émeute populaire pourrait le sauver, « Je serais bien fâché qu'elle eût lieu, lui répondit le roi ; il y aurait de nouvelles victimes. Je ne crains pas la mort, ajouta-t-il, mais je ne puis envisager sans frémir le sort cruel que je vais laisser après moi à ma famille, à la reine, à nos malheureux enfants !.... Et ces fidèles serviteurs qui ne m'ont point abandonné ; ces vieillards qui n'avaient d'autre moyen pour subsister que les modiques pensions que je leur faisais, qui va les secourir ? Je vois le peuple livré à l'anarchie, devenir la victime de toutes les factions, les crimes se succéder, de longues dissensions déchirer la France. » Puis, après un moment de silence : « O mon Dieu ! était-ce là le prix que je devais recevoir de tous mes sacrifices ? n'avais-je pas tout tenté pour assurer le bonheur des Français ? » En prononçant ces paroles, il serrait les mains de Cléry ; et celui-ci, saisi d'un saint respect, arrosait de ses larmes les mains du malheureux prince....

Le samedi 19 janvier , un municipal vint faire l'inventaire de tous les meubles et effets de l'appartement du monarque. Pendant qu'on procédait à cette opération, le roi s'était retiré dans la tourelle. A son retour, il voulut se chauffer ; mais le concierge, nommé Mathey, était dans ce moment devant la cheminée, tenant son habit retroussé et tournant le dos au feu. Le roi ne pouvant se chauffer qu'avec peine par un des côtés , et l'insolent concierge restant toujours à la même place , Sa Majesté lui dit avec quelque vivacité de s'éloigner un peu. Mathey se retira.

Le soir, le roi pria les commissaires de s'informer auprès de la commune pourquoi on le privait de la présence de ses conseils et en particulier de celle de M. de Malesherbes. Ils promirent d'en parler ; mais l'un d'eux avoua qu'il leur était défendu de faire part au conseil-général d'aucune de ses demandes, à moins qu'elle ne fût écrite et signée de sa main.

« Pourquoi , reprit le roi , m'a-t-on laissé depuis deux jours ignorer ce changement ? » Il écrivit alors à la commune un billet où il exposait que deux choses le peinaient infiniment : l'absence de ses conseils et la présence continuelle de ses gardiens jour et nuit à ses côtés. « On doit sentir , disait-il à la commune, que dans la position où je me trouve, il est bien pénible pour moi de ne pouvoir être seul , et de ne point avoir la tranquillité pour me recueillir. » Ce billet ne fut remis à la commune que le lendemain dans la matinée.

L'auguste victime, persécutée dans sa prison , était au dehors l'objet des plus odieux outrages et des plus horribles imprécations. Ce n'étaient pas seulement les clubs et la convention qui vomissaient des infamies contre le monarque ; beaucoup d'autres furieux , tous les ennemis de l'ordre public, la masse des hommes dépravés et impies se faisaient gloire de tenir leurs poignards levés sur la tête du père de la patrie. Au théâtre, les comédiens, pensionnés par le roi, voulurent, la veille de sa mort, préluder à l'accomplissement du régicide par la représentation de *Brutus*. A la commune, on proposa d'ériger en jour de fête celui de la mort de Louis, et de divertir la capitale par des spectacles gratuits et une illumination générale. On alla jusqu'à crier en plein conseil : *Que sa tête tombe, et alors nous danserons !...*

Le dimanche 20 janvier, le roi, dès son lever, s'informa des municipaux s'ils avaient fait part de sa demande au conseil de la commune : ils l'assurèrent qu'elle avait été portée sur-le-champ. Vers les dix heures, il témoigna à Cléry son inquiétude de ne point voir arriver M. de Malesherbes. Ce fidèle serviteur fut obligé de lui apprendre que M. de Malesherbes s'était présenté plusieurs fois, et qu'on lui avait refusé l'entrée de la tour. « Je vais savoir le motif de ce refus, répondit le roi, la commune aura sans doute prononcé sur ma lettre. » Il se promena dans la chambre, il lut, il écrivit, et s'occupa ainsi toute la matinée.

A deux heures, on ouvre tout-à-coup la porte ; Santerre se présente avec le conseil exécutif. Douze ou quinze personnes entrent à la fois : Garat, ministre de la justice ; Lebrun, ministre des affaires étrangères ; Grouvelle, secrétaire du conseil ; le président et le procureur-général du département, le maire et le procureur de la commune, le président et l'accusateur public du tribunal criminel. Le roi, au bruit causé par l'arrivée de tant de personnes, s'était levé et avait fait quelques pas ; mais à la vue de ce cortége, il se retira entre la porte de sa chambre et celle de l'antichambre, dans l'attitude la plus noble et la plus imposante. Garat, conservant le chapeau sur la tête, lui dit : « Louis, la convention nationale a chargé le conseil exécutif provisoire de vous signifier ses décrets des 15, 16, 19 et 20 janvier. Le secrétaire va vous en faire lecture. » Grouvelle lut, d'une voix altérée et tremblante, les décrets rendus contre Louis. Le roi entendit cette lecture d'un air calme et tranquille. Au mot de conspiration, ses lèvres exprimèrent un sourire dédaigneux ; au mot de mort, sa figure parut illuminée d'un rayon céleste. Il prit ensuite des mains du secrétaire l'acte dont il venait de lui faire lecture, le plia et le mit dans son portefeuille : c'était le passeport du juste pour l'immortalité. Il tira du même portefeuille, et présenta au ministre Garat, les notes qu'il avait écrites le matin pour être remises à la convention. Comme celui-ci hésitait à accepter le papier, le roi fit devant lui la lecture de ce qu'il contenait : « Je demande un délai de trois jours pour me préparer à paraître devant Dieu ; je demande pour cela de voir librement la personne que j'indiquerai aux commissaires de la commune, et que cette personne soit à l'abri de toute crainte et de toute inquiétude pour cet acte de charité qu'elle remplira auprès de moi. Je demande, dans cet intervalle, à voir ma famille quand je le demanderai, et sans témoins. Je désirerais bien que la convention nationale s'occupât tout de suite du sort de ma famille, et qu'elle lui permît de se retirer librement où elle le jugerait à propos. Je demande d'être délivré de la surveillance perpétuelle que le conseil général a établie depuis quelques jours. Je recommande à la bienfaisance de la nation toutes les personnes qui m'étaient attachées ; il y en a beaucoup qui avaient mis toute leur fortune dans leurs charges, et qui, n'ayant plus d'appointements, doivent être dans le besoin, et même de celles qui ne vivaient que de leurs appointements. Dans les pensionnaires, il y a beaucoup de vieillards, de femmes et d'enfants qui n'avaient pas d'autre moyen d'existence.

Garat assura au roi qu'il allait remettre sa lettre à la convention ; mais comme il se retirait, Louis chercha de nouveau dans son portefeuille, et dit : « Monsieur, si la convention m'accorde ma demande pour la personne que je désire, voici son adresse : M. Edgeworth de Firmont, rue du Bac, n° 483. » Alors le conseil exécutif se retira ; et le roi, après avoir fait quelques pas dans la chambre, s'approcha de Cléry, et lui dit : « Demandez mon dîner.» A peine entré dans la salle à manger, il remarqua le panier qui renfermait le dîner de la reine ; il demanda pourquoi on avait fait attendre sa famille une heure plus tard, ajou-- tant que ce retard pourrait l'inquiéter. Il se mit à table, et voyant qu'il n'avait point de couteau, il en demanda un. Alors l'officier municipal Minier lui fit lecture d'un arrêté de la commune, portant que : « Louis ne se servirait point de couteau ni de fourchette à ses repas ; qu'il serait confié un couteau à son valet de chambre pour lui couper son pain et sa viande en présence de deux commissaires, et qu'ensuite le couteau serait retiré.

— Me croit-on assez lâche, dit le roi, pour vouloir attenter à ma vie ? On m'impute des crimes, mais j'en suis innocent, et je mourrai sans crainte. Je voudrais que ma mort fît le bonheur des Français et pût écarter les malheurs que je prévois ! »

Un profond silence régna parmi les gardiens. Le roi mangea fort peu, coupant sa viande, comme il put, avec la cuiller ; le dîner ne dura que quelques minutes.

Le soir, Garat revint à la tour, accompagné de San-

terre qui le précédait et qui , s'approchant du roi , lui dit
à demi-voix et d'un air riant : « Voici le conseil exécutif. » Le ministre, s'étant avancé, dit au roi qu'il avait
porté sa lettre à la convention , et qu'elle l'avait chargé
de lui notifier la réponse suivante : « Qu'il était libre à
Louis d'appeler tel ministre du culte qu'il jugerait à propos , et de voir sa famille librement et sans témoins ; que
la nation , toujours grande et toujours juste , s'occuperait
du sort de sa famille (1) ; qu'il serait accordé aux créanciers de sa maison de justes indemnités ; que la convention nationale avait passé à l'ordre du jour sur le sursis de
trois jours.

Le roi ne fit aucune observation sur la réponse de l'assemblée , rentra dans sa chambre et dit à Cléry : « Je
croyais , à l'air de Santerre, qu'il allait m'annoncer que
le sursis était accordé. » Un jeune municipal, nommé
Boston, voyant que le roi parlait à Cléry , s'approcha dans
l'espoir de saisir quelques paroles. Le roi , s'adressant à
lui avec bonté , lui dit : « Vous avez paru sensible à ce
qui m'arrive, recevez-en mes remercîments. » Le municipal, surpris, ne sut que répondre, et Cléry lui-même fut
étonné de ce témoignage de bienveillance de la part du
monarque ; car ce jeune municipal avait dit quelques instants auparavant , en parlant du roi : « J'ai demandé à
venir au Temple , pour voir la *grimace* qu'il fera demain.

— Et moi aussi, avait ajouté un autre municipal, nommé Merseraut , tailleur de pierre de profession : tout le
monde refusait de venir ; je ne donnerais pas cette journée
pour beaucoup d'argent. »

Tels étaient ces hommes vils et féroces que la commune
affectait de nommer pour garder le roi dans ses derniers

(1) On sait de quelle manière les barbares ont tenu leur promesse.

moments; et d'un autre côté, telle était la patience du
monarque qui ne répondait aux mauvais traitements et
aux outrages que par des marques de bonté.

Le roi, depuis quatre jours, avait été privé de la consolation de voir ses conseils. Ceux des commissaires que
ses malheurs paraissaient avoir touchés, évitaient de l'approcher; de tant de sujets dont il avait été le père, de
tant de Français qu'il avait comblés de bienfaits, il ne lui
restait qu'un seul serviteur pour confident de ses peines.

Après la lecture de la réponse de la convention, les
commissaires prirent le ministre de la justice à l'écart,
et lui demandèrent comme le roi verrait sa famille? « En
particulier, répondit Garat, c'est l'intention de la convention. » Les municipaux lui communiquèrent alors l'arrêté
de la commune qui leur enjoignait de ne perdre le roi de
vue ni le jour ni la nuit. Il fut convenu entre le ministre
et les commissaires que, pour concilier ces deux décisions
opposées, le roi recevrait sa famille dans la salle à manger,
de manière à être vu par le vitrage de la cloison; mais
qu'on fermerait la porte, pour qu'il ne fût pas entendu.

Le roi rappela le ministre de la justice, pour lui demander s'il avait fait prévenir M. de Firmont. Garat répondit qu'il l'avait amené dans sa voiture, qu'il était au conseil et qu'il allait monter. Dès son arrivée au Temple,
Garat avait voulu introduire lui-même l'abbé de Firmont
auprès du roi; mais les municipaux composant le conseil
s'y étaient opposés, et s'étaient emparés de l'ecclésiastique,
pour lui faire essuyer tous les outrages que peut suggérer
l'impiété jointe à la plus vile grossièreté. Les uns affectent
de lui montrer une joie féroce, les autres lancent la dérision et le blasphème sur son ministère. On le fouille avec
la dernière indécence; on cherche du poison dans sa taba-

tière, un stylet dans son crayon. Enfin'le roi s'étant plaint des entraves qu'on mettait à une disposition que l'assemblée avait approuvée, on introduisit l'abbé de Firmont, en le faisant traverser une double haie de sentinelles disposées sur l'escalier : milice crapuleuse, qui ne cessa de vomir pendant son passage les propos les plus impies et les plus dégoûtants.

Le roi, à l'aspect de l'abbé de Firmont, qui, navré de douleur et tout éploré, tombait à ses genoux, ne fut pas maître de son émotion : « Pardonnez, dit-il à son guide spirituel, pardonnez ce moment de faiblesse. Depuis longtemps je vis au milieu de mes ennemis, et l'habitude m'a en quelque sorte familiarisé avec eux. Mais la vue d'un sujet fidèle parle tout autrement à mon cœur et m'attendrit malgré moi. » Puis, le faisant asseoir près de lui : « Occupons-nous maintenant, monsieur, de la grande affaire qui doit m'occuper tout entier. Hélas ! c'est la seule affaire importante ; car que sont toutes les autres auprès de celle-là ? Mais je vous demande quelques moments de répit ; car je vais revoir ma famille. En attendant, voici un écrit que je suis bien aise de vous communiquer. » Il lui lut alors d'une voix ferme son testament, ne s'arrêtant et ne versant des larmes qu'aux noms qui étaient les plus chers. Il demanda ensuite des nouvelles de divers ecclésiastiques, entre autres de l'archevêque de Paris. « Marquez-lui bien, lui dit-il, si jamais vous lui écrivez, que je meurs dans sa communion, et que je n'ai jamais reconnu d'autre pasteur que lui. »

A huit heures, le roi sortit de son cabinet et demanda qu'on le conduisît vers sa famille.

« Cela ne se peut, lui dirent les commissaires, mais on la fera descendre.

« — A la bonne heure, dit le roi; mais je pourrai au moins la voir seul dans ma chambre.

« — Non, lui dit l'un d'eux, nous avons arrêté avec le ministre de la justice que ce serait dans la salle à manger.

« — Vous avez entendu, répliqua le roi, que le décret de la convention me permet de la voir sans témoin.

« — Cela est vrai, dirent les municipaux, vous serez en particulier, on fermera la porte; mais, par le vitrage, nous aurons les yeux sur vous.

« — Faites descendre ma famille, » dit le roi.

Il fit alors avec Cléry les dispositions de la salle, voulut qu'il y eût un verre d'eau sur la table; puis, s'apercevant que l'eau était à la glace : « Prenez, dit-il, une autre carafe; la reine pourrait être incommodée de cette eau. » Il fit ensuite inviter l'abbé de Firmont à l'attendre dans son cabinet, sans en sortir; il craignit que sa vue ne peignît trop vivement à l'esprit des siens le moment suprême.

Nous ne pouvons mieux faire que de rapporter ici mot pour mot le récit pathétique de Cléry :

« A huit heures et demie, la porte s'ouvrit. La reine parut la première tenant son fils par la main, ensuite madame royale et M{{me}} Elisabeth : tous se précipitèrent dans les bras du roi ; un morne silence régna pendant quelques minutes, et ne fut interrompu que par des sanglots. La reine fit un mouvement pour entraîner Sa Majesté dans sa chambre : « Non, dit le roi, passons vers cette salle; je ne puis vous voir que là. » Ils y entrèrent, et je fermai la porte qui était en vitrage. Le roi s'assit, la reine à sa gauche, M{{me}} Elisabeth à sa droite, Madame royale presque en face, et le jeune prince resta debout entre les jambes du roi; tous étaient penchés vers lui et le tenaient souvent embrassé. Cette scène de douleur dura sept quarts d'heure, pendant lesquels il fut impossible de rien entendre. On voyait seulement qu'après chaque phrase du roi les sanglots des princesses redoublaient, duraient quelques minutes, et qu'ensuite le roi recommençait à parler. Il fut aisé de juger à leurs mouvements que lui-même leur avait appris sa condamnation. A dix heures un quart, le roi se leva le premier et tous le suivirent. J'ouvris la porte. La reine tenait le roi par le bras droit. Leurs Majestés donnaient chacune une main à monsieur le dauphin. Madame royale, à la gauche, tenait le roi embrassé par le milieu du corps. Mme Elisabeth, du même côté, mais un peu plus en arrière, avait saisi le bras gauche de son auguste frère. Ils firent quelques pas vers la porte d'entrée, en poussant les gémissements les plus douloureux. « Je vous assure, leur dit le roi, que je vous verrai demain à huit heures.

— Vous nous le promettez? répétèrent-ils tous ensemble.

— Oui, je vous le promets.

— Pourquoi pas à sept heures? dit la reine.

— Eh bien! oui, à sept heures, répondit le roi; adieu! »

» Il prononça cet adieu d'une manière si expressive, que les sanglots redoublèrent. Madame royale tomba évanouie aux pieds du roi qu'elle tenait embrassés; je la relevai, et j'aidai Mme Elisabeth à la soutenir. Le roi, voulant mettre fin à cette scène déchirante, leur donna les plus tendres embrassements et eut la force de s'arracher de leurs bras. « Adieu! adieu! » dit-il; et il se retira dans sa chambre.

» Les princesses remontèrent chez elles. Je voulus continuer à soutenir Madame royale; les municipaux m'arrê-

tèrent à la seconde marche et me forcèrent de rentrer.
Quoique les deux portes fussent fermées, on continua d'entendre les cris et les gémissements des princesses dans l'escalier. »

Rentré dans son cabinet, le roi, après quelques instants de recueillement, rompit le silence et dit à l'abbé de Firmont : « Pourquoi faut-il que j'aime avec tant de tendresse, et que je sois si tendrement aimé! Le sacrifice est pénible, monsieur, mais pourtant il est fait; ne songeons plus qu'à mon salut. » Il se recueillit encore un instant et commença sa confession.

Le roi fut une demi-heure avec son confesseur. Il était plus de dix heures lorsque Cléry vint lui proposer de souper. Il hésita un moment, mais par réflexion il accepta l'offre ; il n'avait presque rien pris à son dîner. Il ne mangea qu'un morceau, mais avec appétit, et ne fut pas plus de cinq minutes à table. Rentré dans son cabinet, où il avait laissé son confesseur, il s'occupa de lui avec une extrême bonté. « Vous devez être épuisé, lui dit-il, il est temps que vous preniez quelque nourriture. » L'abbé de Firmont n'avait guère le courage de manger ; mais pour ne pas désobliger le roi, il crut devoir obéir. Une autre pensée l'occupait depuis longtemps : c'était celle de procurer au roi la sainte communion dont il était privé depuis si longtemps. Il lui demanda donc s'il ne serait pas bien aise d'entendre la messe et d'y recevoir le saint viatique ? Le roi témoigna que ce serait le plus ardent de ses désirs, mais qu'il n'y avait nulle apparence qu'on lui en laissât la liberté. « Car, ajouta-t-il, il faudrait que je l'obtinsse du conseil de la commune, qui, jusqu'ici ne m'a accordé que ce qu'il n'a pu me refuser. J'approuve beaucoup néanmoins qu'on lui en fasse la demande en mon nom. »

L'abbé de Firmont se chargea de faire lui-même, avec prudence et discrétion, toutes les démarches nécessaires. La proposition étonna beaucoup les membres du conseil et fut vivement débattue. Les uns, faisant les érudits, avancèrent que l'histoire faisait mention d'hosties empoisonnées ; d'autres objectèrent le risque de se compromettre par cette condescendance. L'abbé de Firmont répondit aux premiers qu'il recevrait d'eux-mêmes les hosties ; et aux seconds, qu'ils ne pouvaient se compromettre par une concession, qui n'était qu'une suite naturelle de l'arrêté qui l'autorisait à exercer son ministère auprès de Louis XVI. Ces raisons prévalurent : la permission fut accordée, et le conseil envoya chercher dans l'église la plus voisine les ornements sacerdotaux et tous les objets nécessaires pour la célébration des saints mystères.

L'abbé de Firmont s'empressa de porter au roi, qui l'attendait avec inquiétude, la nouvelle de ce succès. Le mouvement de joie que ce prince en éprouva semblait lui donner de nouvelles forces. Il continua ses exercices de piété avec son confesseur, jusque bien avant dans la nuit. Les moments lui paraissaient trop courts pour sanctifier le passage du temps à l'éternité. Cependant l'abbé de Firmont, le voyant fatigué, lui proposa de prendre un peu de repos. Il y consentit avec sa bonté ordinaire, et engagea son confesseur à en faire autant.

Lorsque le roi fut prêt à se mettre au lit, Cléry se présenta pour lui rouler les cheveux, suivant son usage ; il refusa ce service, en disant que ce n'était plus la peine, et il demanda à être réveillé à cinq heures. A peine eut-il la tête sur l'oreiller, qu'il s'endormit d'un sommeil profond. L'abbé de Firmont prit un peu de repos sur le lit de Cléry, et celui-ci passa le reste de la nuit sur une chaise, priant Dieu, nous dit-il, d'accorder à son maître toute la force dont il avait besoin pour consommer son sacrifice.

A cinq heures, Cléry alluma le feu. Le bruit qu'il fit éveilla le roi, qui demanda si cinq heures étaient sonnées.

« Elles le sont à plusieurs horloges ; mais pas encore ici.

— J'ai bien dormi, dit le roi ; j'en avais besoin, la journée d'hier m'avait fatigué : où est M. de Firmont ?

— Sur mon lit.

— Et vous, où avez-vous passé la nuit ?

— Sur cette chaise.

— J'en suis bien fâché !

— Ah ! sire, pourrais-je penser à moi en ce moment ! »

Le roi serra affectueusement la main de son fidèle serviteur. Il se fit coiffer, et s'habilla dans le silence et le recueillement. Il fit ensuite appeler M. de Firmont, qui le suivit dans son cabinet.

Cléry, pendant ce temps-là, disposa une commode en forme d'autel pour la célébration du saint sacrifice. L'abbé de Firmont ne resta que quelques instants auprès du roi, et vint se préparer à dire la messe.

Lorsque tout fut prêt, et tandis que le prêtre revêtait ses habits sacerdotaux, Cléry alla avertir son maître, qu'il trouva en prières, un livre à la main. Le roi lui demanda s'il pourrait servir la messe ? Et sur sa réponse qu'il le ferait s'il avait un livre, Louis XVI chercha dans celui qu'il tenait à la main l'ordinaire de la messe, le lui remit et prit un autre livre. Cléry avait placé un coussin près de l'autel : le roi le fit ôter, se mit à genoux et y resta tout le temps du sacrifice dans une adoration profonde. Il s'approcha de la table sainte, et communia avec cette vivacité de foi et cette ardeur de charité dont l'onction intérieure est quelquefois sensible sur la face des élus. Le prêtre en fut frappé. Cléry le fut également ; et ses gardiens mêmes ne purent être témoins de ce spectacle, sans se sentir saisis, malgré eux, d'un sentiment religieux qu'attestaient leur contenance étonnée et leur silence profond pendant toute la célébration des augustes mystères.

La messe étant finie, le roi, après son action de grâces, rentra dans son cabinet. Cléry ne tarda pas de l'y aller trouver ; le roi, le voyant entrer, le prit par les deux mains, et lui dit d'un ton attendri : « Cléry, je suis content de vos soins ! » Ici le serviteur, tombant aux pieds de son maître, lui dit : « Ah ! sire, que ne puis-je, par ma mort, désarmer vos bourreaux, et conserver une vie si précieuse aux bons Français !.... Espérez, sire, ils n'oseront vous frapper.

— Cléry, la mort ne m'effraie point, je suis tout préparé ; mais vous, ne vous exposez pas. Je vais demander que vous restiez auprès de mon fils : donnez-lui tous vos soins dans cet affreux séjour. Rappelez-lui, dites-lui bien toute la peine que j'emporte des malheurs qu'il ressent. Un jour, peut-être, il pourra reconnaître votre zèle.

— Ah ! mon maître ! ah ! mon roi ! si le dévouement le plus absolu, si mon zèle et mes soins ont pu vous être agréables, la seule récompense que je désire de Votre Majesté, c'est de recevoir votre bénédiction : ne refusez pas cette grâce, sire, au dernier des Français resté auprès de vous, » Cléry, en parlant ainsi, restait aux genoux du roi, tenant une de ses mains. Le roi, touché de sa prière, y acquiesça, lui donna religieusement sa bénédiction, le releva, et lui dit en l'embrassant. « Faites part de cette bénédiction à toutes les personnes qui me sont attachées. Dites aussi à Turgi que je suis content de lui. Rentrez, ne donnez aucun soupçon contre vous. » Puis, le rappelant : « Tenez, lui dit-il, voici une lettre que Pétion m'a écrite lors de votre entrée au Temple ; elle pourra vous être utile pour rester ici. »

Cléry retourna auprès de l'abbé de Firmont, qu'il trouva à genoux, en prières, auprès de son lit. « Quel prodige que ce prince ! dit-il à Cléry en se relevant ! avec quelle résignation et quel courage il va à la mort ! serait-il plus calme et plus tranquille qu'il ne l'est, s'il venait d'entendre la messe dans son palais et au milieu de sa cour. »

L'abbé de Firmont ne tarda pas à se rendre dans le cabinet de Louis XVI. Le roi, le voyant entrer, l'aborda d'un air satisfait, et lui dit dans l'effusion de son cœur : « Ah ! monsieur, que je suis heureux d'avoir conservé mes principes ! sans eux, où en serais-je maintenant ? mais avec eux que la mort doit me paraître douce ! Oui, il existe en haut un Juge incorruptible qui saura bien me rendre la justice que les hommes me refusent aujourd'hui ! »

Le roi désirait que son valet de chambre lui coupât les cheveux, par répugnance pour la main à laquelle était réservée cette opération : le conseil de la commune lui refusa les ciseaux. Il représenta qu'on n'en ferait usage qu'en présence des commissaires. Le conseil, après avoir longtemps délibéré, persista dans son refus. Quelques municipaux dirent alors à Cléry, qu'il avait à se disposer à accompagner le roi pour le déshabiller sur l'échafaud. A cette annonce, le fidèle serviteur fut saisi de terreur; mais rassemblant toutes ses forces, il se préparait à rendre ce dernier devoir à son maître, lorsqu'un autre municipal vint lui dire qu'il ne sortirait pas, et ajouta : *Le bourreau est assez bon pour lui.*

Pendant que le roi était enfermé dans son cabinet avec son confesseur, on venait sous différents prétextes frapper souvent à la porte, et on affectait ainsi de l'interrompre à tout moment. Le roi se levait sans émotion, allait à la porte et répondait tranquillement aux personnes qui venaient ainsi le troubler dans ses derniers moments.

Un de ceux à qui il demandait un peu de tranquillité lui dit d'un ton moqueur : « Oh ! oh ! tout cela était bon quand vous étiez roi ; mais vous ne l'êtes plus. » Le roi ne répliqua pas un mot, mais retournant auprès de son confesseur, il se contenta de lui dire : « Voyez comme ces gens-là me traitent ; mais il faut savoir tout souffrir. »

Il avait promis à la reine qu'il la reverrait à sept heures, et n'écoutant que son cœur, il voulait lui tenir parole ; mais l'abbé de Firmont le supplia instamment de ne pas la mettre à une épreuve qu'elle n'aurait pas la force de soutenir. Il s'arrêta un moment, et avec l'expression de la douleur la plus profonde, il dit à M. de Firmont : « Vous avez raison ; ce serait lui donner le coup de la mort ; il vaut mieux me priver de cette douce consolation, et la laisser vivre d'espérance quelques moments de plus. »

Il sortit alors de son cabinet, et appelant Cléry, il lui dit : « Vous remettrez ce cachet à mon fils.... cet anneau à la reine ; dites-lui bien que je le quitte avec peine (c'était son anneau nuptial). Ce petit paquet renferme des cheveux de toute ma famille ; vous le lui remettrez aussi. ... Dites à la reine, à mes chers enfants, à ma sœur, que je leur avais promis de les voir ce matin, mais que j'ai voulu leur épargner la douleur d'une séparation si cruelle ; combien il m'en coûte de partir sans recevoir leurs derniers embrassements ! » Il essuya quelques larmes, puis il ajouta avec l'accent le plus douloureux : « Je vous charge de leur faire mes derniers adieux !.... » Il rentra aussitôt dans son cabinet.

Dès le matin, on avait battu la générale dans toutes les sections de Paris, et cent mille hommes étaient sous les armes. Le bruit allait toujours croissant ; la prison et la ville tout entière retentissaient du tumulte des armes, du roulement des tambours et du transport des canons qu'on plaçait et déplaçait sans cesse. Le roi entendit tous ces mouvements et ces affreux préparatifs sans s'émouvoir. Bientôt des détachements de cavalerie entrèrent dans la cour du Temple, et l'on entendit distinctement la voix des chefs et les pas des chevaux. Le roi, prêtant un instant l'oreille, dit avec sang-froid à l'abbé de Firmont : « Il y a apparence qu'ils approchent. »

A neuf heures, le bruit augmente ; les portes s'ouvrent avec fracas, et dix gendarmes entrent le sabre à la main. Santerre est à leur tête, qui les range sur deux lignes. Louis XVI, s'adressant au chef de la cohorte, « Vous venez me chercher ?

— Oui, lui dit Santerre.

— Je vous demande une minute. » A ces mots, il rentre dans son cabinet, et se jetant aux pieds de son confesseur : « Tout est consommé, monsieur, lui dit-il, donnez-moi votre dernière bénédiction, et priez Dieu qu'il me soutienne jusqu'à la fin. »

Louis XVI n'osait espérer que son guide spirituel l'accompagnerait jusqu'à l'échafaud ; il eût même craint de l'exposer en lui en faisant la proposition. Mais ce généreux ecclésiastique lui ayant dit que son cœur et sa conscience lui prescrivaient également de ne le quitter qu'après qu'il aurait rendu son âme à Dieu, cette marque de dévouement le pénétra de la plus douce consolation.

Il sortit aussitôt, et s'avança d'un pas ferme, tenant un papier à la main : c'était son testament. Il le présente au premier municipal qui se trouve près de lui, en lui disant : « Je vous prie, monsieur, de remettre ce papier à la reine, à ma femme. »

— Cela ne me regarde point, répondit ce municipal, nommé Jacques Roux, en refusant de prendre l'écrit : Je ne suis pas ici pour prendre les commissions, mais pour te conduire à l'échafaud. » Le roi, sans s'émouvoir, sans témoigner le moindre mécontentement, s'adresse à un autre municipal, et le prie de remettre à sa femme le papier qu'il lui présente : « Vous pouvez, ajoute-t-il, en prendre lecture ; il renferme des dispositions que je désire que la commune connaisse. »

Cléry, qui était derrière le roi, lui présenta sa redingote ; il la refusa, disant qu'il n'en avait pas besoin, et demanda son chapeau. Sa main, en le recevant, rencontra celle de Cléry qu'il serra pour la dernière fois. « Messieurs, dit-il alors aux municipaux, je désirerais que Cléry restât auprès de mon fils, qui est accoutumé à ses soins ; j'espère que la commune accueillera cette demande. » Puis, se tournant vers Santerre, il lui dit d'un ton ferme : « Partons. »

On se mit en marche. L'abbé de Firmont était à côté du roi. Santerre le précédait avec cinq de ses gendarmes, les cinq autres suivaient avec le conseil de la commune. A l'entrée de l'escalier, le roi rencontra Mathey, concierge de la tour, qui, deux jours auparavant, lui avait grossièrement manqué : « Mathey, lui dit-il avec bonté, je vous ai montré avant-hier un peu de vivacité ; ne m'en voulez pas. » Le brutal concierge ne répondit rien, et affecta même de tourner le dos au roi tandis qu'il lui parlait.

Un nombreux détachement se trouvait au bas de l'escalier. En traversant à pied la première cour du Temple, il se retourna plusieurs fois vers la tour, comme pour dire adieu à tout ce qu'il avait de plus cher en ce bas monde. A l'entrée de la seconde cour se trouvait une voiture de place. Deux hommes d'un extérieur sinistre et en uniforme de gendarmes, en gardaient les portières. L'un d'eux monta le premier, le second après que le roi et son confesseur furent montés. Ils avaient l'ordre d'assassiner le roi, au moindre mouvement en sa faveur qu'ils apercevraient parmi le peuple. Mais l'état de stupeur où était plongée la capitale, rendait cette précaution bien superflue.

Attentif à mettre à profit tous les instants qui le séparaient de son heure suprême, Louis XVI, après avoir promené ses regards sur ce qui l'environnait, prit un bréviaire, et se mit à réciter les prières que l'Eglise a consacrées au soutien et à la consolation des mourants. L'abbé de Firmont admirait sa sérénité. Les gendarmes, sans ouvrir la bouche, paraissaient extasiés et confondus de sa piété tranquille. La marche fut lente et dura plus de deux heures. Toutes les rues étaient bordées de citoyens armés, les uns de fusils, les autres de piques. Des détachements de cavalerie garnissaient tous les carrefours et les places publiques; des pièces d'artillerie précédaient et suivaient la voiture, et des batteries étaient dressées en plusieurs endroits. Il fut défendu de paraître aux fenêtres, et en termes si menaçants que personne ne fut tenté de s'y montrer. Quelques familles désolées pleuraient dans l'intérieur de leurs maisons l'horrible forfait auquel tant d'autres prenaient part. Une nombreuse populace, con-

duite par un sentiment qu'on ne peut définir, grossissait
le convoi funèbre. On n'entendait que le bruit des tambours
et celui du train des canons. Aucun cri ne fut jeté, aucune
parole ne fut proférée. Le char qui portait la victime
parvint ainsi sans obstacle et en silence à la place de
Louis XV, et s'arrêta au milieu d'un grand espace vide
qu'on avait laissé autour de l'échafaud. Cet espace était
bordé de canons ; et au delà, tant que la vue pouvait s'é-
tendre, on voyait une multitude en armes. On avait
dressé l'échafaud de Louis XVI à la vue de son palais, et
sur le lieu même qu'avait occupé la statue de son aïeul.

Dès que le roi sentit que la voiture n'allait plus, il se
tourna vers l'abbé de Firmont et lui dit à l'oreille :
« Nous voilà arrivés, si je ne me trompe. » Un des bourreaux vint aussitôt lui ouvrir la portière et se mit en devoir
de le faire descendre; mais le roi l'arrêta, et appuyant son
bras sur le genou de l'abbé de Firmont : « Messieurs,
dit-il avec autorité aux gendarmes, je vous recommande
monsieur que voilà, ayez soin qu'après ma mort il ne lui
soit fait aucune insulte ; je vous charge d'y veiller. »
Comme on ne lui répondit rien, le roi crut devoir réitérer
d'un ton plus haut sa recommandation. L'un d'eux, lui
coupant la parole, lui dit : « C'est bon, c'est bon; on
en aura soin ; laissez-nous faire. »

A peine le roi eut-il mis pied à terre que trois bourreaux le saisirent et se pressèrent pour le déshabiller.
Mais il les repoussa d'un air imposant, et ôta lui-même
son col et son habit. Comme il voulait se couper les cheveux, l'exécuteur lui refusa les ciseaux et fit l'opération.
Les bourreaux voulurent alors lui lier les mains : « Que
prétendez-vous faire? s'écria-t-il avec fierté.

— Vous lier.

— Me lier ! non, je n'y consentirai jamais. Faites ce qui vous est commandé, mais vous ne me lierez pas ; renoncez à ce projet. Je suis sûr de moi. »

Les bourreaux parurent vouloir recourir à la force.

« Sire, lui dit son confesseur, je ne vois, dans ce nouvel outrage, qu'un dernier trait de ressemblance entre Votre Majesté et le Dieu qui va être sa récompense. »

Levant au ciel des yeux où était peinte une douleur inexprimable : « Assurément il ne faut rien moins que son exemple pour que je me soumette à un pareil affront. Faites donc, dit-il aux bourreaux, tout ce que vous voudrez : je boirai le calice jusqu'à la lie. » Il tendit alors ses mains qui furent liées avec son mouchoir.

Cette scène se passa au pied de l'échafaud. Les degrés en étaient raides et difficiles à monter. L'abbé de Firmont, prêtant son bras au roi, lui adressa en même temps ces paroles vraiment inspirées : « Fils de saint Louis, montez au ciel ! »

Arrivé à la dernière marche, Louis s'échappe des mains de son confesseur et s'avance d'un pas rapide sur l'échafaud. Se tournant alors vers la multitude qui couvrait la place, il s'écria d'une voix forte : « Français, je meurs innocent de tous les crimes qu'on m'impute ; je pardonne aux auteurs de ma mort, et je prie Dieu que le sang que vous allez répandre ne retombe jamais sur la France.... » Il allait continuer, lorsque Santerre, l'épée à la main et avec des cris féroces, commanda un roulement de tambour pour étouffer la voix du monarque. En même temps, plusieurs des assistants crièrent aux bourreaux *de faire leur devoir*. Ils parurent s'animer eux-mêmes et saisirent le plus vertueux des hommes, ils le traînèrent sous l'instrument de mort, qui, d'un seul coup, fit tomber sa tête.

Le plus jeune des bourreaux, à peine âgé de vingt ans, saisit aussitôt la tête par les cheveux et dansa sur l'échafaud en la montrant au peuple, et criant d'une voix de forcené : « Voilà la tête du tyran. »

L'abbé de Firmont, qui était resté à genoux le plus près possible du roi pendant l'exécution, aurait été couvert de son sang, si, par un mouvement d'horreur involontaire, il ne s'était détourné, en voyant approcher de lui le monstre qui promenait et agitait dans sa main cette tête auguste. Le plus morne silence avait régné d'abord; mais bientôt les cris de *vive la nation! vive la république!* se firent entendre; ces cris, mille fois répétés et répandus dans toute la capitale, apprirent en peu d'instants aux prisonniers du Temple que le meilleur des rois n'était plus.

Cet exécrable parricide fut consommé le 21 janvier 1793, à dix-heures dix minutes du matin. Le corps du roi fut porté au cimetière de l'église de la Madeleine, et déposé, sans cercueil, entre la sépulture des personnes qui périrent en 1770, dans le malheureux événement qui suivit le feu d'artifice tiré en réjouissance de son mariage, et celle des Suisses tués, le 12 août 1792, en défendant son palais. La fosse fut recouverte de chaux vive.

Ainsi périt, à l'âge de trente-huit ans quatre mois et vingt-huit jours, après avoir régné dix-huit ans et demi, le meilleur et le plus infortuné des souverains, le chef de la plus florissante monarchie de l'Europe, le descendant d'une des plus longues suites de rois qui se soient jamais transmis le sceptre. Ce prince mourut victime de son attachement à ses principes religieux et de son amour pour son peuple, au nom duquel il fut immolé.

Sans rien préjuger sur ce que l'Eglise décidera sur la sainteté de ce roi martyr, il est permis de penser, et toutes les circonstances de sa vie et de sa mort nous portent à croire qu'il jouit déjà dans le ciel du royaume des élus, et que Dieu sera son éternelle récompense.

TESTAMENT

DE LOUIS XVI

ROI DE FRANCE

« Au nom de la très-sainte Trinité, du Père, et du Fils, et du Saint-Esprit. Aujourd'hui, vingt-cinquième jour de décembre mil sept cent quatre-vingt-douze, moi, Louis seizième du nom, roi de France, étant depuis plus de quatre mois enfermé avec ma famille dans la tour du Temple, à Paris, par ceux qui étaient mes sujets, et privé de toute communication quelconque, même depuis le 11 du courant, avec ma famille; de plus, impliqué dans un procès dont il est impossible de prévoir l'issue, à cause des passions des hommes et dont on ne trouve aucun prétexte ni moyen dans aucune loi existante; n'ayant que Dieu pour témoin de mes pensées, et auquel je puisse m'adresser, je déclare ici, en sa présence, mes dernières volontés et mes sentiments.

» Je laisse mon âme à Dieu, mon Créateur ; je le prie de la recevoir dans sa miséricorde, de ne pas la juger d'après ses mérites, mais par ceux de Notre-Seigneur Jésus-Christ, qui s'est offert en sacrifice à Dieu, son Père, pour nous autres hommes, quelqu'indignes que nous en fussions, et moi le premier.

» Je meurs dans l'union de notre sainte Mère, l'Eglise catholique, apostolique et romaine, qui tient ses pouvoirs par une succession non interrompue de saint Pierre, auquel Jésus-Christ les avait confiés.

» Je crois fermement et je confesse tout ce qui est contenu dans le symbole, et les commandements de Dieu et de l'Eglise, les sacrements et les mystères, tels que l'Eglise catholique les enseigne et les a toujours enseignés. Je n'ai jamais prétendu me rendre juge dans les différentes manières d'expliquer les dogmes qui déchirent l'Eglise de Jésus-Christ ; mais je m'en suis rapporté et rapporterai toujours, si Dieu m'accorde vie, aux décisions que les supérieurs ecclésiastiques, unis à la sainte Eglise catholique, donnent et donneront, conformément à la discipline de l'Eglise, suivie depuis Jésus-Christ.

» Je plains de tout mon cœur nos frères qui peuvent être dans l'erreur; mais je ne prétends pas les juger, et je ne les aime pas moins tous en Jésus Christ, suivant ce que la charité chrétienne nous enseigne. Je prie Dieu de me pardonner tous mes péchés; j'ai cherché à les connaître scrupuleusement, à les détester et à m'humilier en sa présence. Ne pouvant me servir du ministère d'un prêtre catholique, je prie Dieu de recevoir la confession que je lui en ai faite, et surtout le repentir profond que j'ai

d'avoir mis mon nom (quoique cela fût contre ma volonté)
à des actes qui peuvent être contraires à la discipline et à la
croyance de l'Eglise catholique , à laquelle je suis toujours
resté sincèrement uni de cœur. Je prie Dieu de recevoir la
ferme é olution où je suis, s'il m'accorde vie , de me
servir, aussitôt que je le pourrai, du ministère d'un prêtre
catholique , pour m'accuser de tous mes péchés et recevoir le sacrement de pénitence.

» Je prie tous ceux que je pourrais avoir offensés par
inadvertance (car je ne me rappelle pas d'avoir fait sciem-
ment aucune offense à personne) ou ceux à qui j'aurais
pu avoir donné de mauvais exemples ou des scandales , de
me pardonner le mal qu'ils croient que je peux leur avoir
fait ; je prie tous ceux qui ont de la charité , d'unir leurs
prières aux miennes , pour obtenir de Dieu le pardon de
mes péchés.

» Je pardonne de tout mon cœur à ceux qui se sont faits
mes ennemis, sans que je leur en aie donné aucun sujet , et
je prie Dieu de leur pardonner, de même qu'à ceux qui, par
un faux zèle ou par un zèle mal entendu , m'ont fait beaucoup de mal.

» Je recommande à Dieu ma femme et mes enfants , ma
sœur, mes tantes , mes frères et tous ceux qui me sont
attachés par le lien du sang , ou par quelqu'autre manière
que ce puisse être ; je prie Dieu particulièrement de jeter
des yeux de miséricorde sur ma femme , mes enfants et
ma sœur, qui souffrent depuis longtemps avec moi, de les
soutenir par sa grâce , s'ils viennent à me perdre et tant
qu'ils resteront en ce monde périssable.

» Je recommande mes enfants à ma femme, et je n'ai
jamais douté de sa tendresse maternelle pour eux ; je lui
recommande surtout d'en faire de bons chrétiens et d'hon-

nêtes hommes, et de ne leur faire regarder les grandeurs de
ce monde-ci (s'ils sont condamnés à les éprouver) que
comme des biens dangereux et périssables, et de tourner
leurs regards vers la seule gloire solide et durable de l'éternité. Je prie ma sœur de vouloir continuer sa tendresse à
mes enfants, et de leur tenir lieu de mère, s'ils avaient
le malheur de perdre la leur.

» Je prie ma femme de me pardonner tous les maux
qu'elle souffre pour moi, et les chagrins que je pourrais
lui avoir donnés dans le cours de notre union ; comme
elle peut être sûre que je ne garde rien contre elle, si elle
croyait avoir quelque chose à se reprocher.

» Je recommande bien vivement à mes enfants, après
ce qu'ils doivent à Dieu, qui doit marcher avant tout, de
rester toujours unis entre eux, soumis et obéissants à leur
mère, et reconnaissants de tous les soins et les peines
qu'elle se donne pour eux et en mémoire de moi ; je les
prie de regarder ma sœur comme une seconde mère.

» Je recommande à mon fils, s'il avait le malheur de
devenir roi, de songer qu'il se doit tout entier au bonheur
de ses concitoyens ; qu'il doit oublier toute haine et tout
ressentiment, et nommément ce qui a rapport aux malheurs et aux chagrins que j'éprouve ; qu'il ne peut faire le
bonheur des peuples qu'en régnant suivant les lois ; mais,
en même temps, qu'un roi ne peut les faire respecter et
faire le bien qui est dans son cœur, qu'autant qu'il a l'autorité nécessaire, et qu'autrement étant lié dans ses opérations, et n'inspirant point de respect, il est plus nuisible
qu'utile.

» Je recommande à mon fils d'avoir soin de toutes les
personnes qui m'étaient attachées, autant que les circonstances où il se trouvera lui en donneront les facultés ; de

songer que c'est une dette sacrée que j'ai contractée envers les enfants ou les parents de ceux qui ont péri pour moi, et ensuite de ceux qui sont malheureux pour moi.

» Je sais qu'il y a plusieurs personnes de celles qui m'étaient attachées qui ne se sont pas conduites envers moi comme elles le devaient, et qui ont même montré de l'ingratitude; mais je leur pardonne (souvent, dans les moments de trouble et d'effervescence, on n'est pas maître de soi), et je prie mon fils, s'il en trouve l'occasion, de ne songer qu'à leur malheur.

» Je voudrais pouvoir témoigner ici ma reconnaissance à ceux qui m'ont montré un attachement véritable et désintéressé; d'un côté, si j'ai été sensiblement touché de l'ingratitude et de la déloyauté de gens à qui je n'avais jamais témoigné que des bontés, à eux ou à leurs parents ou amis; de l'autre, j'ai eu de la consolation de voir l'attachement et l'intérêt gratuits que beaucoup de personnes m'ont montrés : je les prie d'en recevoir tous mes remercîments. Dans la situation où sont encore les choses, je craindrais de les compromettre si je parlais plus explicitement; mais je recommande spécialement à mon fils de chercher les occasions de pouvoir les reconnaître.

» Je croirais calomnier cependant les sentiments de la nation, si je ne recommandais ouvertement à mon fils MM. de Chamilly et Hue, que leur véritable attachement pour moi avait portés à s'enfermer avec moi dans ce triste séjour; et qui ont pensé en être les malheureuses victimes. Je lui recommande aussi Cléry, des soins duquel j'ai eu tout lieu de me louer depuis qu'il est avec moi; comme c'est lui qui est resté avec moi jusqu'à la fin, je prie messieurs de la commune de lui remettre mes hardes, mes livres, ma montre, ma bourse et les autres petits effets qui ont été déposés au conseil de la commune.

» Je pardonne encore très-volontiers à ceux qui me gardaient, les mauvais traitements et les gênes dont ils ont cru devoir user envers moi : j'ai trouvé quelques âmes sensibles et compatissantes ; que celles-là jouissent dans leur cœur de la tranquillité que doit leur donner leur façon de penser !

» Je prie MM. de Malesherbes, Tronchet et de Sèze, de recevoir ici tous mes remercîments et l'expression de ma sensibilité, pour tous les soins et les peines qu'ils se sont donnés pour moi.

» Je finis en déclarant devant Dieu, et prêt à paraître devant lui, que je ne me reproche aucun des crimes qui sont avancés contre moi.

» Fait double à la tour du Temple, le vingt-cinq décembre mil sept cent quatre-vingt-douze.

Signé : LOUIS. »

DERNIERS MOMENTS

DE

QUELQUES RÉVOLUTIONNAIRES

———

Occuper les places des grands, envahir les possessions des riches, s'approprier les trésors des maisons royales, des églises et des monastères, jouir sans trouble de toutes ces richesses et de tous les plaisirs, et de tous les avantages qu'elles peuvent procurer, tel était le vœu des hommes qui se sont acquis une triste célébrité dans notre révolution. Ils se promettaient de diriger à leur profit l'impulsion destructive qu'ils donnaient à la multitude. Leurs espérances ont été étrangement déçues; le résultat de tant de crimes a été loin de répondre à l'attente des coupables. Presque tous ont disparu en peu d'années, et leur fin a été marquée du sceau de la vengeance divine. Vergniaud, l'un d'eux, comparait la révolution à *Saturne dévorant successivement tous ses enfants.*

Nous allons jeter un coup d'œil rapide sur la mort de quelques-uns des principaux auteurs et acteurs de cette sanglante tragédie, qu'on appelle la *révolution française* ; nous regrettons que les limites où nous renferme la nature de cet écrit, ne nous permettent pas de faire complétement l'appel nominal de tous ces grands criminels, et de montrer successivement le terme affreux où chacun d'eux a vu expirer sa misérable carrière. Cette lugubre revue pourrait servir d'avertissement à ceux qui agitent encore de nos jours le peuple et qui sèment encore le trouble, dans l'espoir de recueillir de l'or et des honneurs. Plus hypocrites que les révolutionnaires de 89 et de 93, ceux d'aujourd'hui se flattent d'être plus adroits ou plus heureux : ils se trompent. Quelques succès pourront encourager leurs premières tentatives ; mais qu'ils considèrent la fin de leurs devanciers, et qu'ils s'arrêtent ou le même sort les attend.

Condorcet.

Marie-Jean-Antoine-Nicolas marquis de Condorcet naquit, en 1743, à Ribemont, près de Saint-Quentin, en Picardie, d'une famille originaire du Dauphiné. Dès le commencement de la révolution, il se montra l'un de ses plus ardents partisans ; il poursuivit sans relâche les parlements, le sacerdoce, la noblesse et la royauté. Dans

le trop fameux procès de Louis XVI, il vota pour la
peine la plus grave dans le code pénal, et qui ne fût
pas la mort. Par un raffinement de barbarie, il voulait ainsi envoyer son roi aux galères! Décrété d'accusation
le 3 octobre 1793, sur un rapport du comité de sûreté
générale, il fut bientôt après mis hors de la loi. Pendant plusieurs mois, il resta caché chez une dame de sa connaissance,
jusqu'à ce qu'un décret ayant ordonné que « toute personne
qui donnerait asile à un proscrit serait punie de mort, »
il dut chercher une autre retraite. Il sortit de Paris le
19 mars 1794, à huit heures du soir, sans passe-port,
vêtu d'une simple veste, et la tête couverte d'un bonnet.
Il paraît que son projet avait été de se rendre d'abord chez
un ancien ami, dont la maison de campagne était aux
portes de Paris. Ne l'ayant pas trouvé, et craignant d'être
reconnu, il avait quitté la grande route de Paris à Sceaux
et cherché une retraite dans les carrières de la plaine de
Mont-Rouge, dont il ne sortait que la nuit. Il était arrivé
ainsi jusqu'au bois de Meudon; mais les arbres étant
dépouillés de verdure dans cette saison, de plus grands
dangers se présentèrent à lui. Le besoin de prendre quelque subsistance, et celui plus insupportable peut-être de
trouver du tabac, le déterminèrent sans doute à descendre
à Clamart-sous-Meudon, village situé sur la lisière du
bois. Là il entra dans un cabaret, où il crut pouvoir se
procurer l'un et l'autre. Après avoir acheté du tabac, il
demanda une omelette, qu'il se mit à manger avec avi-
dité. Cette circonstance fut remarquée par des gens du
cabaret, qui, devenus plus curieux en voyant son air in-
quiet, sa longue barbe et son misérable équipage, lui
adressèrent quelques questions sur sa profession et le lieu
d'où il venait. Il se donna pour un domestique dont le maître

venait de mourir. Un maçon, membre du comité révolutionnaire de Clamart, se trouvait pendant ce temps-là dans
le cabaret, et lui dit : « Je crois plutôt que vous êtes un
de ceux qui en ont des domestiques; où sont vos papiers ? »
Condorcet déclara ne point en avoir. Un gendarme fut
appelé, et Condorcet, placé entre lui et le maçon, fut
conduit au comité révolutionnaire, suivi de l'hôtesse du
cabaret, qui réclamait son paiement. Condorcet ayant sorti
de sa poche, pour la satisfaire, son portefeuille dont l'élé-
gance contrastait d'une manière remarquable avec son
extérieur, chacun se regardait avec étonnement, lorsque
deux autres circonstances vinrent fortifier les soupçons
qu'on avait déjà conçus. Il proposa de changer un louis
d'or pour acquitter ce qu'il devait, et, en le tirant, il
mit sur la table son mouchoir, dont la finesse fut remarquée, et un Horace, relié en maroquin vert, dont
les marges étaient enrichies de notes écrites de la
main même de Condorcet. Dès lors il ne resta plus de
doute aux misérables qui s'étaient saisis de lui, sur l'impor-
tance de la capture qu'ils venaient de faire ; et le comité
révolutionnaire de Clamart le fit conduire aussitôt dans la
prison de Bourg-la-Reine. Blessé au pied, exténué de
fatigue et de besoin, il ne pouvait se soutenir, et tombait
en défaillance sur la route. On chercha une charrette
qu'on ne trouva point. Enfin, un vigneron offrit son cheval.
Ce fut ainsi qu'il arriva au Bourg-la-Reine, le 27 mars
1794, à quatre heures de l'après-midi. Les membres du
comité révolutionnaire ne se trouvaient point en nombre
suffisant pour procéder à son interrogatoire, on remit ce
soin au lendemain, et jusque-là on le déposa dans un
cachot humide et sans jour. Lorsqu'on vint l'y chercher le
lendemain matin, on ne trouva plus que son cadavre qui

conservait encore un reste de chaleur. Il avait fait usage du poison qu'il portait depuis longtemps sur lui pour se dérober au supplice. Ainsi périt à cinquante ans, victime de ses complices, l'ennemi le plus acharné du trône et de l'autel.

Brissot.

Jean-Pierre Brissot, chef de la secte révolutionnaire dite des *Brissotins*, naquit à Ouarville, près de Chartres, le 14 janvier 1754. Il avait pour père un pâtissier, qui lui fit donner une éducation soignée. Il débuta en 1789 par quelques pamphlets, et surtout par un journal qui avait pour titre le *Patriote français*. C'est dans ce journal qu'il propagea pendant deux ans les doctrines les plus dangereuses, et provoqua autant qu'il fut en lui une grande partie des atrocités qui se commirent dans ces temps malheureux. Il fut nommé par le département de l'Eure membre de la convention nationale, et n'y joua qu'un rôle très-secondaire. Lorsque Robespierre fut enfin devenu tout-puissant, il livra Brissot à la haine de tous ses partisans, qui, pour plaire à leur chef, dénoncèrent son ancien ami comme un agent secret de l'Angleterre, comme un patriote suspect, n'aimant que la démocratie et son intérêt propre. Brissot, dépopularisé, se ligua avec quelques députés pour détacher les départements de la

capitale ; c'est ce qu'on appela le parti des Fédéralistes. A
la suite de la révolution du 3 mai 1793, frappé de pros-
cription, ainsi que les Girondins, ses amis, il essaya de s'enfuir en Suisse ; mais, arrêté à Moulins, il fut reconduit à
Paris, et décapité le 21 octobre 1793 , à l'âge de trente-
neuf ans. Brissot était un homme plein de vanité et d'orgueil, qui ne craignait pas de s'appeler *le patriote sans
peur et sans reproche.* Ce Bayard républicain ne mourut
point, dit-on, avec beaucoup de courage ; toute sa vigueur
était dans son esprit.

Carra.

Jean-Louis Carra naquit à Pont-de-Vesle en 1743.
Ses parents, quoique pauvres, lui firent faire quelques
études. Aux premières étincelles de la révolution, il
accourut à Paris, y coopéra en 1789 à la rédaction du
Mercure national ou *Journal d'état ou du citoyen,* et
devint ensuite le principal rédacteur du journal intitulé :
Annales patriotiques, qui portait le nom de M. Mercier.
Enivré des succès qu'il obtenait dans cette feuille incen-
diaire, Carra parut le 23 décembre 1790 à la tribune du
club des Jacobins, et déclara de son autorité privée la
guerre à l'empereur Léopold , ajoutant que, pour soulever
toute l'Allemagne , il ne demandait que cinquante mille

hommes, douze presses, des imprimeurs et du papier. Il fut un des principaux moteurs de l'attaque des Tuileries, le 10 août, et eut l'impudence de s'en vanter dans son journal. Nommé député à la convention par deux départements, il accepta la nomination de Saône-et-Loire, rejetant l'appel au peuple, vota la mort de Louis XVI sans admettre de *sursis*. Carra avait souvent demandé, dans sa feuille périodique, que la populace fût armée de piques, afin qu'on pût l'opposer, en cas de besoin, à la garde nationale composée de bourgeois; il renouvela ses demandes à la tribune, et ses vœux furent exaucés. Dès lors, la garde nationale cessa son service, ne voulant pas occuper le même rang que ces piqueurs, qui, par leur aspect hideux et leur mise, méritaient le nom de *sans-culottes*. Carra, brouillé avec Robespierre, se réfugia dans le parti des Brissotins, et fut nommé, sous le ministère de Roland, garde de la bibliothèque nationale; mais, suspect à tous les partis, il fut bientôt accablé de dénonciations, et la faveur populaire, qu'il avait perdue, ne le sauva pas cette fois des suites fâcheuses qu'elles eurent pour lui. Le 12 juin 1793, Robespierre, Marat et Couthon le firent rappeler de Blois, où il était en mission. Bientôt, les Brissotins et le parti de la Gironde ayant été renversés, Carra fut proscrit, et condamné à mort avec vingt-un de ses collègues, le 30 octobre.

Marat.

Jean-Paul Marat, né en 1744 de parents calvinistes, à Baudry, pays de Neufchâtel, étudia la médecine dès sa jeunesse, acquit diverses connaissances en physique et en chimie, et, à l'aide de quelques protecteurs, obtint la place de médecin des écuries du comte d'Artois. Né avec une imagination follement enthousiaste, un caractère haineux, un cœur envieux et féroce, et surtout une ambition sans proportion avec ses talents, il ne manqua pas d'embrasser avec ardeur le parti de la révolution ; et appuyé de Danton et Robespierre, il entreprit la rédaction d'une feuille intitulée l'*Ami du peuple*, où il insultait tous les matins le roi, la reine, le maire de Paris, le commandant-général de la garde nationale, les chefs de l'armée, les magistrats, les administrateurs de l'assemblée nationale elle-même, dans laquelle il comptait tout au plus alors deux ou trois complices de ses fureurs. Ses provocations continuelles au pillage, à la révolte, à l'assassinat, ouvrirent enfin les yeux de l'assemblée ; mais, quoique dénoncé plusieurs fois et plusieurs fois décrété d'accusation, il échappa à toutes les autorités, à toutes les recherches, tantôt par la fuite, tantôt à force d'audace et d'impudence. Le 22 août 1790, Marat fut dénoncé à l'assemblée par Malouet, pour avoir dit qu'il fallait élever

huit cents potences dans les Tuileries , et y pendre tous
les traîtres, à commencer par Mirabeau l'aîné ; mais celui-
ci fit passer à l'ordre du jour. Devenu membre de la commune usurpatrice , dite du 10 août, il fut nommé président de ce terrible comité de surveillance de la commune,
qui s'empara de tous les pouvoirs et organisa les massacres de septembre. C'est Marat qui conçut cet exécrable
projet , et qui proposa le premier à Danton de déblayer
les prisons d'une manière prompte, en les incendiant.
Nommé député de Paris à la convention , il y dénonça les
ministres Pache et Roland, les généraux Dumouriez et
Chazot, et entreprit de justifier des volontaires qui avaient
assassiné quatre déserteurs prussiens. La veille, il avait
déjà proposé aux Jacobins de décerner des couronnes
civiques aux assassins de ces soldats, qu'il déclara être des
émigrés. L'assemblée passa à l'ordre du jour sur ces pro-
positions. Dénoncé par Barbaroux, qui l'accusa de prêcher
sans cesse l'anarchie , et de demander encore deux cent
soixante-dix mille têtes , Marat , loin de nier l'atroce pro-
vocation qui lui était imputée, s'en fit un titre de gloire
et avoua publiquement l'avoir faite , reconnaissant, disait-
il avec orgueil , « que c'était sa pensée , et qu'il n'y avait
que ce moyen de sauver la patrie. » Le 10 décembre , peu
satisfait du rapport présenté par Lindet contre Louis XVI ,
il monte à la tribune, vomit contre ce prince les injures
les plus dégoûtantes , s'opposa le lendemain à ce qu'il lui
fût accordé des conseils , et vota ensuite , lors de son jugement , sa mort dans les vingt-quatre heures. Dénoncé
de nouveau , le 26 février , par plusieurs membres du
côté droit, pour avoir provoqué au pillage dans son journal , un décret d'accusation fut vivement demandé contre
lui ; mais, selon sa coutume , il se glorifia de son crime,

traita ses adversaires de *cochons* et d'*imbéciles*, et un
ordre du jour scandaleux lui assura encore une fois l'impunité. Le 21 mars, il dénonça tous les généraux comme
traîtres, et toutes les armées comme incapables de résister
à l'ennemi; c'est ce même jour que Lecointe-Puyraveau
demanda qu'il fût déclaré en état de démence. Le 6 avril,
il demanda que cent mille parents d'émigrés fussent gardés
en otages pour la sûreté des commissaires de la convention livrés par Dumouriez, et que Sillery et le duc d'Orléans se constituassent prisonniers, pour se justifier du
soupçon d'intelligence avec ce général. Le 11, il sollicita
la mise à prix du jeune duc de Chartres et des Bourbons
fugitifs, proposition qu'il renouvela dans plusieurs autres
circonstances. Sur ces entrefaites, il présida la société des
Jacobins, et signa, en cette qualité, la fameuse adresse
qui provoquait l'insurrection du peuple contre la majorité
de la convention. Attaqué à ce sujet par les chefs de la
Gironde, il ne nia ni sa signature ni les principes de cette
adresse, et prétendit qu'en le poursuivant, la faction des
hommes d'état voulait se défaire d'un surveillant incom-
mode. En effet, le 3 avril, le parti de la justice, de la
liberté et de l'honneur national, obtint un éclatant et
dernier triomphe, mais qu'il paya bien cher quelque
temps après : Marat fut décrété d'accusation. Le lâche
instigateur de tant de crimes ressentit un instant de terreur, il se réfugia dans des souterrains, et devenu plus
audacieux par l'appui certain des complices qui, sans
l'estimer, trouvaient en lui un utile instrument de leurs
projets, il écrivit à la convention pour lui annoncer
« qu'il ne se soumettait pas à son décret; que déjà qua-
rante-sept départements avaient demandé l'expulsion des
députés qui avaient voté l'appel au peuple; que les autres

ne tarderaient pas à émettre la même demande, et que
bientôt la nation tout entière ferait justice de ses ennemis. »
Ce ne fut cependant qu'après avoir bien pris ses mesures,
et avoir bien endoctriné les bandes d'assassins qui devaient
lui servir de cortége au tribunal révolutionnaire, s'il avait
eu quelque chose à redouter, que Marat se décida à paraître devant ce tribunal. Dans l'état actuel de Paris, l'issue
de ce projet n'avait rien de redoutable pour lui ; tout
réussit au gré des factieux. Marat fut conduit en pompe
devant le tribunal révolutionnaire ; d'accusé qu'il était, il
y devint accusateur des témoins à charge qui furent pro-
duits contre lui, et acquitté par un jury composé de ses
complices. Il rentra dans la convention en triomphe, et
reparut à la tribune couronné de lauriers. Le 10 mai, il
demanda à la convention qu'elle décrétât la liberté absolue
des opinions, « afin, ajouta-t-il, que je puisse envoyer à
l'échafaud la faction des hommes d'état qui m'a décrété
d'accusation. » Le 1er juin, il se rendit au conseil général
de la commune, et le pria d'envoyer une députation à la
barre, pour y demander, au nom du peuple souverain,
qu'on répondît d'une manière satisfaisante et sans désemparer à la pétition dans laquelle ce conseil proscrivait
dix-sept députés. Le lendemain, ces membres furent, en
effet, décrétés d'accusation. Enfin, après tant de forfaits,
et à l'instant où il en méditait de nouveaux, Charlotte
Corday délivra la république de ce monstre. Cette femme,
née avec un cœur sensible et une imagination ardente,
voyant le peu d'empressement que ces compatriotes met-
taient à tirer vengeance des oppresseurs de leur pays, se
détermina à frapper elle-même un grand coup qui portât
le trouble et l'effroi dans les rangs de la faction triom-
phante. L'esprit rempli de son projet audacieux, elle se

rend à Paris , et parvient à se faire introduire chez Marat ,
qui , dévoré par une maladie honteuse , était alors occupé
à prendre un bain. Ce monstre lui ayant demandé les noms
des députés qui se trouvaient dans le Calvados, les écrivit
sur ses tablettes, et lui dit qu'il les ferait tous guillotiner
sous peu de jours. Charlotte ne pouvant, à ces horribles
paroles, contenir son indignation , tire un couteau qu'elle
tenait caché sous sa robe, et le plonge tout entier dans le
sein de Marat, qui meurt aussitôt.

Marat avait mérité depuis longtemps d'expier ses crimes
par le dernier supplice, mais l'action de Charlotte Corday
n'en est pas pour cela excusable.

Pétion.

Jérôme Pétion de Villeneuve, avocat et fameux révolutionnaire, naquit à Chartres , vers 1753 , d'un procureur ou présidial de cette ville. Nommé aux états-
généraux en 1789 , il commença sa carrière politique
en se prononçant hautement pour les mesures les plus
violentes et les innovations dangereuses ; il donnait son
avis sur toutes les questions proposées, parlait longuement et avec facilité ; et comme il criait beaucoup, que sa
voix était forte et sa figure agréable , il devint bientôt un
des objets chéris de la faction populaire. Quand Louis xvi
eut été arrêté à Varennes , Pétion fut un des trois députés

choisis pour le ramener ; et comme la reine témoigna un
accueil plus favorable à Barnave, il en conçut un violent
dépit, qui augmenta sa haine contre la famille royale ;
aussi le vit-on, peu de jours après, attaquer l'inviolabilité
du prince, et demander qu'il fût mis en jugement. Nommé
maire de Paris, il fut le protecteur et l'agent de tous les
complots qui achevèrent le renversement de la monarchie.
Dès lors, toutes les violences, tous les complots contre le
pouvoir royal et contre la personne du monarque furent
tolérés et encouragés ; une foule de malfaiteurs refluèrent
dans la capitale, et furent introduits dans les rangs de la
garde nationale, où on les arma avec des piques au lieu de
fusils. Au 20 juin 1792, quand on voulut attaquer de
vive force l'autorité royale, et que la plus vile populace
fut introduite par les municipaux dans les appartements
du roi, Pétion ne parut que sur le soir au château, comme
pour laisser aux furieux le temps de se porter aux derniers
excès. Le département d'Eure-et-Loire le nomma à la convention, et il fut le premier président d'une assemblée
qu'il avait plus que tout autre contribué à convoquer. Il
s'y fit remarquer par son acharnement contre Louis XVI, et
pressa, par ses vociférations, le jugement de cet infortuné monarque. Il vota sa mort, l'appel au peuple et le
sursis. Quand l'horrible sacrifice eut été consommé, Pétion,
qui y avait eu part plus que ses collègues, essaya d'en
arrêter les inévitables conséquences ; il vota avec les
Girondins, et combattit les projets atroces du parti mon-
tagnard. Une lutte terrible s'éleva alors entre Robespierre
et lui. L'amitié ou le crime qui les avait tenus unis en fit
deux ennemis irréconciliables, et ils se jurèrent une guerre
à mort devant la convention. La commune ayant triomphé,
les Girondins furent proscrits, et Pétion, proscrit avec eux,

se réfugia dans le Calvados; il passa bientôt dans la
Gironde, où il ne put trouver un asile contre ses ennemis.
On dit que, dans son désespoir, il se donna la mort, et
qu'il termina par le suicide sa misérable carrière. C'est ce
qu'on conjecture de l'état dans lequel il fut trouvé à Saint-
Emilion, près de Libourne, dans un champ de blé, à
moitié dévoré par les loups.

Carrier.

Jean-Baptiste Carrier, un des monstres les plus san-
guinaires qu'ait enfantés la révolution, naquit en 1756
à Yolai, village près d'Aurillac, dans la Haute-Auvergne.
Quoiqu'il ne fût qu'un obscur procureur, à force d'in-
trigues, il parvint à se faire nommer député à la convention nationale, en 1792; il fut un de ceux qui demandèrent, le 10 mars 1793, l'érection du tribunal
révolutionnaire; il saisit avec ardeur toutes les occasions qui lui furent offertes de persécuter et de proscrire,
ayant entendu dire que la France était trop peuplée pour
y établir une république, il fut d'avis de la dépeupler,
et l'on entendit un jour ce monstre dire hautement, dans
un café de Paris, que la république ne pouvait être heureuse si l'on ne supprimait au moins le tiers de ses habitants. Il vota, sans aucune restriction, la mort de Louis XVI,

demanda avec acharnement l'arrestation du duc d'Orléans,
et contribua beaucoup à la révolution du 31 mai. Carrier
fut d'abord envoyé en mission dans la capitale de la Nor-
mandie, où les patriotes, appelés *modérés*, s'étaient sou-
levés, et là il commença à déployer toute l'énergie de son
âme féroce, et à mettre en pratique son système favori.
De là Carrier fut envoyé à Nantes, où il arriva le 8 octobre
1793. La guerre civile se faisait alors avec le plus grand
acharnement ; les révolutionnaires, exaspérés par les vic-
toires des Vendéens, faisaient éclater une rage féroce.
Quelques généraux et des représentants avaient déjà ordonné des massacres et livré des villages aux flammes ;
mais Carrier les surpassa tous dans un moment, et, par
ses cruautés inouïes, se montra le fidèle exécuteur des instructions qu'il avait reçues de la convention, de prendre
les mesures de *destruction* et de vengeance les plus *rapides*
et les plus *générales*. A son arrivée, Nantes était déjà livrée
à la merci d'une foule d'hommes féroces ; Carrier se les
associa, et ils rivalisèrent entre eux de cruauté. Déjà les
prisons de la ville étaient encombrées de malheureuses
victimes, et l'entière défaite des Vendéens à Savenay,
augmentant encore le nombre des prisonniers, encou-
ragea l'ardeur sanguinaire de Carrier et de ses infâmes
satellites. Carrier trouva trop long les délais qu'exigeaient
les jugements informes et précipités qui envoyaient tous
les jours à la mort une foule de malheureux captifs.
« Nous ferons, dit-il, aux bourreaux qui le secon-
daient, un cimetière de la France plutôt que de ne pas
la régénérer comme nous l'entendons. » Il proposa donc
de faire périr les détenus en masse et sans être jugés ;
cette horrible proposition fut adoptée après quelques débats, et Carrier se hâta de l'exécuter. Il imagina alors

le moyen aussi prompt que terrible des trop fameuses *noyades*. Il fit d'abord embarquer, le 15 novembre 1793, quatre-vingt-quatorze prêtres dans une barque, sous prétexte de les transporter ailleurs; et le bateau, qui était à soupape, fut coulé à fond pendant la nuit; il fit périr quelques jours après, de la même manière, cinquante-huit autres prêtres. Ces horribles exécutions, faites par d'infâmes satellites qu'il avait organisés sous le nom de compagnie de Marat, furent suivies de plusieurs autres. Ce monstre, bassement féroce, ajoutait encore la plaisanterie à cette horrible cruauté, et appelait ces atroces expéditions *baignades* et *déportations verticales*. Lorsqu'il rendit compte à la convention de sa mission à Nantes, il parla de la mort de ces prêtres comme d'un naufrage heureux et fortuit; et son récit était terminé par ces mots : « Quel torrent révolutionnaire que cette Loire ! » et la convention fit une mention honorable de cette lettre atroce. Dès lors Carrier, voyant sa conduite approuvée, ne mit plus de frein à son ardeur sanguinaire. Il fit exterminer sans aucun jugement les prisonniers, par deux hommes qu'il avait revêtus d'un grade militaire, Fouquet et Lamberty. Les victimes dévouées à la mort étaient entassées dans un vaste édifice nommé *l'entrepôt;* c'est là où l'on venait tous les soirs les prendre pour les mettre dans des bateaux, d'où on les précipitait dans l'eau après les avoir liés deux à deux, car ils avaient trouvé encore trop long de préparer des bateaux à soupape. On ajoute même que, par une dérision horrible, on attachait ensemble un jeune homme et une jeune fille pour les noyer, donnant à cette affreuse exécution le nom de *mariage républicain*. Pendant plus d'un mois ces massacres se renouvelèrent toutes les nuits; on prenait indistinctement tout ce qui se trou-

vait à *l'entrepôt*, tellement qu'un jour on noya des prisonniers de guerre étrangers. Une autre fois Carrier, qui
vivait dans la plus infâme débauche, ayant contracté une
maladie honteuse, fit prendre, pour se venger, une cen-
taine de filles publiques, et ces malheureuses furent
noyées, pour donner sans doute un exemple de l'austérité
des mœurs républicaines. On estime qu'il périt dans l'entrepôt quinze mille personnes, soit par ce supplice, ou par
la faim, le froid ou l'épidémie. Les malheureux prisonniers y étaient entassés; on ne donnait aucun soin aux
malades, et l'on négligeait même d'enlever les cadavres.
Enfin la corruption y était telle que personne ne voulant
se charger de nettoyer ce lieu infect, on fut obligé de promettre la vie à plusieurs prisonniers pour qu'ils se char-
geassent de cet emploi; il n'épargna pas cependant ceux
qui survécurent. Les rives de la Loire étaient couvertes
de cadavres; l'eau en était tellement corrompue, qu'on
fit défense d'en boire, la contagion et la famine désolaient
cette malheureuse ville. Chaque jour une commission
militaire condamnait à mort de nombreux prisonniers;
chaque jour on fusillait dans les carrières de Gigan jusqu'à cinq cents victimes. Tel était l'horrible aspect que
présentait la ville de Nantes sous la domination de l'horrible Carrier; tel était le gouvernement doux et paternel
que ces féroces novateurs voulaient substituer au *despo-
tisme des tyrans*. Cependant Robespierre, quelques mois
avant son supplice, ayant résolu de mettre un terme au
régime de la terreur, et d'en faire tomber l'odieux sur
ceux qui avaient partagé avec lui le gouvernement, fit rappeler Carrier, et désapprouva hautement sa conduite. Le
9 thermidor arriva; Robespierre et son parti furent renversés. Alors un cri général s'éleva contre tous ces hommes

qui avaient versé des flots de sang ; et chacun, parmi les révolutionnaires, s'empressa d'en rejeter le crime sur d'autres. Carrier, qui les avait tous surpassés, ne pouvait manquer d'attirer tous les regards ; les troubles de la Vendée, qui duraient encore, rappelaient sans cesse les terribles cruautés de ce monstre, et quatre-vingt quatorze Nantais qu'il avait envoyés à Paris, au mois de novembre 1793, comparurent au tribunal, non comme victimes, mais comme ses accusateurs. Alors il devint l'objet de l'exécration générale, et la voix publique demanda son supplice. Condamné par ceux-là mêmes qui lui avaient ordonné les crimes qu'il avait commis, il fut envoyé à l'échafaud par ceux qui auraient dû le partager avec lui, et exécuté le 16 septembre 1794.

Chaumette.

Pierre-Gaspard Chaumette, que son impiété a fait placer avec raison parmi les révolutionnaires les plus odieux, naquit à Nevers le 24 mai 1763. Son père voulut lui faire donner une éducation soignée; mais Chaumette, porté au vice et à la dissipation, ne profita pas de ses soins. Ayant entièrement abandonné l'étude, il quitta la maison paternelle et s'embarqua comme mousse ; mais, bientôt dégoûté de cette profession, il la quitta et se rendit à Paris. Les principes de la révolution ne pouvaient manquer de lui plaire ; aussi les embrassa-t-il avec ardeur et se lia-t-il avec les principaux démagogues. Dans la funeste journée du 10 août, il prit une part si active aux massacres qui eurent lieu, qu'on le nomma procureur de la commune à la place de Manuel. Le président lui ayant demandé, dans cette circonstance, son prénom : « Dans l'ancien régime, répondit-il, je m'appelais *Pierre-Gaspard*, parce que mon parrain fut un imbécile qui croyait aux saints ; je m'appelle maintenant *Anaxagoras*, ne voulant pour patron qu'un saint qui a été pendu pour son républicanisme. » Après avoir provoqué dans la commune l'établissement d'un tribunal révolutionnaire, il alla, le 9 mars 1793, à la tête d'une députation, en demander l'assentiment à la convention nationale qui n'osa le refuser. Profitant de son ascendant, il imposa ensuite à cette assemblée la loi du *maximum*, provoqua la révolution du 31 mars et la loi des suspects. Pour ajouter le délire à l'atrocité des principes, il voulut faire décréter que tous les habitants de Paris ne porteraient que des sabots, et que les jardins des Tuileries et du Luxembourg seraient entièrement semés de pommes de terre. « C'est avec des pommes de terre, disait-il, que tous les Français doivent se nourrir. » Cependant il se gardait bien de prêcher d'exemple et de se soumettre à une telle abstinence : un plat de pommes de terre n'aurait pas trouvé à se placer au milieu des mets recherchés qui couvraient la table de ce sobre républicain. Après avoir massacré les ministres de Dieu, l'impie Chaumette déclara la guerre à Dieu lui-même, et voulut faire de l'*athéisme* une institution politique. Pour arriver à son but insensé, il imagina ces fêtes, aussi sacriléges que bizarres, connues sous le nom de *fêtes de la Raison*. Il fit détruire les autels, les tableaux et tout ce qui pouvait offrir quelque vestige d'une religion. Cependant plusieurs membres de la convention, craignant l'ascendant de Chaumette, désapprouvèrent ces absurdes inventions. Robespierre et surtout Danton travaillèrent à les faire cesser. La déesse de la *Raison* ne vit pas longtemps fumer l'encens sur ses autels, et peu de temps après, on lut sur les portes de presque toutes les églises de Paris, cette inscription singulière : *Les Français croient en Dieu.* Les principaux chefs des révolutionnaires s'aperçurent enfin qu'il était temps de mettre un terme aux excès de Chaumette; Robespierre résolut de le perdre. Hébert, le prussien Cloots et plusieurs représentants des athées à la convention furent arrêtés; Chaumette, privé de ses auxiliaires, le fut huit jours après. On l'enferma dans les prisons du Luxembourg, où se trouvaient un grand nombre de victimes qu'il y avait fait mettre. Cependant elles ne lui firent aucun outrage, et se contentèrent de le railler de ce qu'il se trouvait dans la même position qu'eux. Ce scélérat audacieux, qui n'avait rien respecté, parut lâche et plein d'effroi dès qu'il se vit enfermé dans la prison. Après de courts débats, il fut condamné à mort et exécuté le 13 avril 1794. Monté sur l'échafaud, il reprit assez de courage pour prédire à ceux qui l'avaient condamné qu'ils ne tarderaient pas à subir le même sort.

Robespierre.

Robespierre ! ce nom rappelle le souvenir et l'idée de tous les crimes ; notre tâche serait trop pénible si nous devions les détailler tous ici. Pour ne pas affaiblir par une peinture imparfaite l'horreur qu'il inspire, nous nous bornerons à retracer le châtiment dont Dieu punit les cruautés de cet abominable tyran.

La France entière inondée de sang, toutes ses familles en deuil, tous ses citoyens tremblants dans la funeste attente du sort qui leur était réservé, telle est en peu de mots l'histoire du règne de Robespierre. Heureusement, Dieu qui voulait nous châtier et non pas nous anéantir, ne permit pas qu'il fût d'une longue durée. La puissance de quelques-uns de ses collègues parut encore à Robespierre un obstacle à son ambition. Il osa les désigner à la mort ; ceux-ci se réunirent contre un péril commun, et lorsque le 9 thermidor (27 juillet 1794) vint, il monta à la tribune pour demander six victimes ; sa voix fut étouffée par mille, qui criaient : *A bas le tyran !* Décrété d'accusation, on le fit passer à la barre avec Saint-Just, Couthon, Robespierre le jeune et Lebas. Robespierre fut d'abord conduit à la Conciergerie ; mais la terreur qu'inspirait encore son nom était telle, que le concierge refusa de l'y recevoir. Il put se sauver alors à l'hôtel de ville. Pendant

ce temps et aussitôt que les membres de la commune
eurent appris que leur protecteur était arrêté, ils ordon-
nèrent de sonner le tocsin, ramassèrent dans les rues tous
ceux qu'ils trouvèrent parmi les amis du tyran ; un de ses
satellites courut à bride abattue faire fermer les portes de
la ville. Henriot, commandant de la garde nationale, et
qui était dans un état complet d'ivresse, réunit quelques
canonniers pour les opposer aux sections ; mais ils refusèrent de faire feu. On dit que Robespierre, assis sur un
fauteuil, dans la salle de l'hôtel de ville, et entouré de ses
adhérents, refusa de marcher contre la convention, pour
ne pas être, disait-il, considéré comme un tyran, par
l'obligation où il se serait trouvé de dissoudre ce corps
avec la force armée. Cependant il n'avait pas écouté ces
considérations au 31 mai 1793, et en d'autres circonstances. La convention ayant mis *hors la loi* ses partisans,
ceux-ci se découragèrent. Un détachement de troupes de
la convention pénétra dans l'hôtel de ville ; Robespierre
se cacha dans un coin obscur ; ses amis firent encore leurs
derniers efforts pour le défendre ; mais un gendarme
courageux, Charles Méda, assailli par les municipaux, le
découvrit, et, au moment où il allait se suicider, lui tira
un coup de pistolet qui lui fracassa la mâchoire inférieure.
Transporté au comité de salut public de la convention, il
montra une insensibilité dont on ne le croyait pas capable. Etendu sur une table, il souffrit, sans se plaindre,
sans proférer un seul mot, les interrogatoires de ses
juges, la douleur de ses blessures, la fièvre qui le dé-
vorait, et les injures de ceux qui voyaient ses souffrances
avec plaisir. Le lendemain, 10 thermidor (28 juillet 1794),
à quatre heures du soir, il fut conduit à l'échafaud avec
vingt-deux de ses complices. Son visage était méconnais-

sable, ses yeux entièrement fermés, et ses mâchoires
soutenues par un bandeau. Le peuple fit arrêter la charrette vis-à-vis la maison qu'il occupait ; une femme se
mit à danser autour de la voiture en s'écriant : « Ta
mort m'enivre de joie ; descends aux enfers avec les malé-
dictions de toutes les épouses et de toutes les mères ! »
Il fut exécuté à l'âge de trente-cinq ans. Ses vainqueurs
prirent depuis le surnom de *Thermidoriens*. On lui fit
l'épitaphe suivante :

> Passant, ne pleure pas son sort,
> Car s'il vivait, tu serais mort.

FIN

— LILLE. TYP J. LEFORT M D CCC LXXIV —

DIEU, le Christ, son Eglise, ses Sacrements; par M. l'abbé Petit.
DORSIGNY (les), ou Deux Educations; par S. Bigot.
ÉTUDES ET PORTRAITS; par M. Poujoulat.
GERBERT, archevêque de Reims, pape sous le nom de Sylvestre II; sa vie et ses écrits; par M. l'abbé Loupot.
HINCMAR, archevêque de Reims: sa vie, ses œuvres, son influence; par le même.
LACORDAIRE (le P.); par M. de Montrond.
LAURE DE CERNAN; par S. Bigot.
MODÈLES LES PLUS ILLUSTRES dans le sacerdoce et la religion; par M. de Montrond.
MUSICIENS LES PLUS CÉLÈBRES (les); par le même.
NAPLES : histoire, monuments, beaux-arts, littérature. L. L. F.
POËTES LES PLUS CÉLÈBRES : français, italiens, anglais, espagnols.
PRÉLATS les plus illustres de la France; par M. de Montrond.
SAINT AMAND (Histoire de) évêque missionnaire, et Étude sur l'état du christianisme chez les Francs du Nord au viie siècle; par l'abbé C. J. Destombes.
SAINT AMBROISE; sa vie et extraits de ses écrits.
SAINT ATHANASE; sa vie et extraits de ses écrits.
SAINT AUGUSTIN, évêque d'Hippone, sa vie et extraits de ses écrits.
SAINT BASILE; sa vie et extraits de ses écrits.
SAINT BERNARD; sa vie et extraits de ses écrits.
SAINT CYPRIEN ; sa vie et extraits de ses écrits.
SAINT ÉLOI (Vie de), évêque de Noyon et de Tournai, par saint Ouen; traduite et annotée par l'abbé Parenty. 2 grav. sur acier.
SAINT ÉPHREM; sa vie et extraits de ses écrits.
SAINT GRÉGOIRE DE NAZIANZE; sa vie et extraits de ses écrits.
SAINT JEAN CHRYSOSTOME; sa vie et extraits de ses écrits.
SAINT JÉROME, solitaire et prêtre; sa vie et extraits de ses écrits.
SAINT LAURENT, diacre et martyr; par M. l'abbé Labosse. 4 grav.
SAINT MARTIN, évêque de Tours; par M. de Montrond.
SAVANTS LES PLUS CÉLÈBRES; par le même.
SICILE (la) : souvenirs, récits et légendes; par M. l'abbé V. Postel.
SOUVENIRS DE VOYAGE; par Mme de la Grandville. 2 vol.
SYRIE (la) en 1860 et 1861 : massacres du Liban et de Damas, et expédition française; par M. l'abbé Jobin.
VARIÉTÉS LITTÉRAIRES; par M. Poujoulat.
VENDEVILLE (Mgr Jean), évêque de Tournai; par le R. P. Possoz.
WISEMAN (le cardinal) : étude biographique; par M. de Montrond.

In-8° à 1 fr. 50.

A TRAVERS L'OCÉANIE; par Mme la comtesse de Drohojowska.

BON CONSEILLER (le) : avis, maximes, sentences. *Avec approb.*

CONQUÊTES DU CHRISTIANISME en Asie, en Afrique, en Amérique et en Océanie; par C. Guénot.

DOM LÉO, ou le Pouvoir de l'amitié; par E. S. Drieude.

EDMOUR ET ARTHUR; par le même.

EMPEREURS ROMAINS (Histoire des), d'après Crevier; par M. Boissart.

ÉPREUVES DE LA PIÉTÉ FILIALE (les); par E. S. Drieude

ÈRE DES MARTYRS (l'); par l'abbé de Saint-Vincent.

EUROPE CHRÉTIENNE (l'); par C. Guénot.

FLEURS DES MARTYRS au xixe siècle; Chine et Cochinchine; par A. S. de Doncourt.

FLEURS DES MARTYRS au xixe siècle : Corée et Maduré; par le même.

GUERRE DE CENT ANS (la), entre l'Angleterre et la France; par A. de la Porte.

GUERRE DU MEXIQUE (la), 1861-1867; par M. L. Le Saint.

GUERRE ENTRE LA FRANCE ET LA PRUSSE (la), 1870-1871; par le même.

— Ce volume est précédé d'une CARTE COMPLÈTE du théâtre de la guerre.

HISTOIRE NATURELLE, d'après Cousin-Despréaux.

JOURNAL DE CLOTILDE; par Mlle S. Wanham.

LA TOUR-D'AUVERGNE (Histoire de), 1er grenadier de France; par A. Buhot de Kersers.

LIEUX SAINTS (les); par Mgr Maupoint, évêque de Saint-Denis.

LORENZO, ou l'Empire de la religion; par E. S. Drieude.

MARDIS DE MARGUERITE (les); par Marie Emery.

MARIE-ANTOINETTE et MADAME ÉLISABETH; par F. Lafuite.

MARIE STUART, reine de France et d'Ecosse; par A. Laurent.

MARTYRS DU JAPON (les); par M. de Montrond.

MENDIANTE DE SAINT-EUSTACHE (la); par Mme C. Breton.

MORTS HÉROÏQUES (les) pendant la guerre de 1870-1871 et pendant la Commune; par C. d'Aulnoy.

MOSAÏQUE DE LA JEUNESSE : variétés intéressantes et instructives. 28 *gravures.*

PAGE DU COMTE DE FLANDRE (le); par M. Barbé.

ROSARIO, histoire espagnole; par E. S. Drieude.

SANCTUAIRES les plus célèbres de la sainte Vierge en France par M. de Gaulle. (Première partie.)

SANCTUAIRES les plus célèbres de la sainte Vierge en France; par le même. (Deuxième partie.)

SCÈNES DE LA VIE DES ANIMAUX; par M. P.

SIÉGE DE PARIS (le) journal historique et anecdotique; par Ed. Delalain.

SOLITAIRES D'ISOLA-DOMA (les); par E. S. Drieude.
SOUVENIRS DES AMBULANCES; par A. S. de Doncourt.
UNE GUERRE DE FAMILLE; par Marie Emery.
UNE HÉRITIÈRE; par la même.

In-8° à 1 fr. 25.

ALGÉRIE CHRÉTIENNE (l'); par A. Egron.
ALGÉRIE (l') : promenade historique et topographique; par le
    Dr F. Andry.
AMICIE; par Marie Emery.
APOTRE DE LA CHARITÉ (l') : vie de saint Vincent de Paul.
ARMAND RENTY; par J. Aymard.
BIOGRAPHIES LORRAINES; par M. le comte de Lambel.
BRUNO, ou la Victoire sur soi-même; par Mme de Gaulle.
CROISÉ DE TORTONA (le); par C. Guénot.
DEUX AMIS (les); par S. Bigot.
DEVOIR ET VERTU, ou les Forges de Buzançais.
DÉVOUEMENT D'UNE JEUNE FILLE; par Mme Beaujard.
ÉMERAUDE DE BERTHE (l'); par M. Ange Vigne.
ENFANT DE L'HOSPICE (l'); par Marie de Bray.
ÉPISODES ET SOUVENIRS DE LA GUERRE DE PRUSSE;
    par M. de Montrond.
ERMITAGE DE SAINT-DIDIER (l'); par H. Lebon.
EXEMPLES TRAÇANT LE CHEMIN DE LA VERTU (les).
FERME DE VALCOMBLE (la); par M. D.
FERNAND DELCOURT; par S. Bigot.
FLEURS PRINTANIÈRES; par M. de Montrond.
FOURIER DE MATTAINCOURT (le Bx); par M. le comte de Lambel.
FRÈRE ET LA SŒUR (le); par F. Villars.
GERMAINE COUSIN (sainte); par M. de Montrond.
GROTTE DE LOURDES (la); par Mlle Amory de Langerack.
ILE DES NAUCLÉAS (l'); par Mme Grandsard.
JEANNE D'ARC : récits d'un preux chevalier; par M. de Montrond.
LEQUEL DES DEUX? par S. Bigot.
MÉMOIRES D'UNE ORPHELINE; par Marie Emery.
MES PAILLETTES D'OR; par M. de Montrond.
NÈGRES DE LA LOUISIANE (les); par Marie Emery.
NEVEUX DU MISSIONNAIRE (les); A. M. D. G
OU SE TROUVE LE BONHEUR? par A. S. de Doncourt.
PITCAIRN : histoire maritime; par Mme de Gaulle.
PROVERBES (les), histoire anecdotique des proverbes; par Mlle
    Amory de Langerack.